アイヌ語地名の南限を探る

筒井 功

河出書房新社

アイヌ語地名の南限を探る

◉

目次

装幀――山元伸子
カバー――岩手県一関市方面からの栗駒山©ＰＩＸＴＡ

アイヌ語地名の南限を探る

はじめに

1　アイヌ語地名の分布範囲

よく知られているように、北海道の地名はもとは、すべてアイヌ語であった。それは、いまでも大きくは変わっていない。

札幌、小樽、留萌《るもい》、稚内《わっかない》、名寄《なよろ》、紋別《もんべつ》、網走、釧路、帯広、芦別《あしべつ》、歌志内《うたしない》、室蘭、苫小牧《とまこまい》、江《え》差《さし》……挙げていけば、いくらでもある。礼《れ》文《ぶん》島も利《り》尻《しり》島も「島」を除く部分はアイヌ語であり、北方四島の択捉《えとろふ》、国後《くなしり》、歯舞《はぼまい》、色丹《しこたん》も、その例に入る。現在は、おおかたが漢字で表記されるようになっているが、とくに山名の場合はカムイヌプリ、ウペペサンケ、シビチャリ……など原音に近いカタカナ表記のものも珍しくない。アイヌ語は日常語としてはすでに死語にひとしくなったが、地名に関するかぎり北海道は依然としてアイヌ語の大地なのである。

これは、少なくとも千数百年にわたって、北海道で使われてきた主要な、あるいは唯一の言語がアイヌ語であったためにほかならない。アイヌ人が、自らが暮らす土地に自らの言葉で名を付けた結果である。

それでは、アイヌ語地名が残っているのは北海道だけであろうか。言いかえれば、アイヌ民族が地名を付けるような暮らしをしていたのは、北海道にかぎられていたのだろうか。

東北地方の一部に、アイヌ語地名が散在することは議論の余地がない。これは、すでに証明ずみで、この指摘に反対したり、疑問を呈したりする人は、まずいないのではないか。しかし、それがどこまで及んでいるかになると、さまざまな線引きが提起されて、いまのところ、だれもが首肯できる説は現れていないといえる。

アイヌ語地名の分布域など、そもそも考えていない人びとも少なくない。日本全国どこの地名だろうと、アイヌ語で解釈することは、明治時代に来日したイギリス生まれの日本研究者、バジル・H・チェンバレン（一八五〇―一九三五年）や、やはりイギリス出身のキリスト教宣教師でアイヌ研究者のジョン・バチェラー（一八五四―一九四四年）あたりに始まり、いくぶんか形は変えながらも今日まで連綿としてつづいている。アイヌは日本列島の先住民だから、関東はむろん九州や四国にも、その言語で付けられた地名が残存していて当然、いやそうでない方がおかしいというのであろう。

これに対して、わが国におけるアイヌ語学の権威、金田一京助博士（一八八二―一九七一年）は勿《な》来《こそ》と白河の関を結ぶ線より北側を主張していた。東北地方と新潟県の北部までとしていたのである。一方、金田一博士の協力も得て、アイヌ語地名を初めて科学的に分析したといえる山田秀三《ひでぞう》氏（一八九九―一九九二年）は、「アイヌ語地名の濃厚地帯」は山形県の最北部と宮城県の北半部までとの立場をとっていた。ただし、山田氏は東北地方のもっと南にも少数ながらアイヌ語地名が見られるとし、晩年には関東地方にも、その可能性をさぐる試みをされていた。

2　青森、岩手、秋田三県と宮城県北部にかぎられる

本書では、アイヌ語地名は日本海側では秋田県の最南部まで、太平洋側では、もう少し南へ下がって宮城県の北部三分の一くらいにしか存在しないとの見方に立っている。すなわち、アイヌ語地名の分布は奥羽山脈の西側では秋田・山形県境を、東側では仙台市街の北方二〇キロあたりを、ほぼ東西に延びる、地形上はこれといった特徴のない線を南限とするのである。

卑見は、アイヌ語地名の分布域は山田秀三氏の指摘よりさらに狭くとらえており、おそらく従

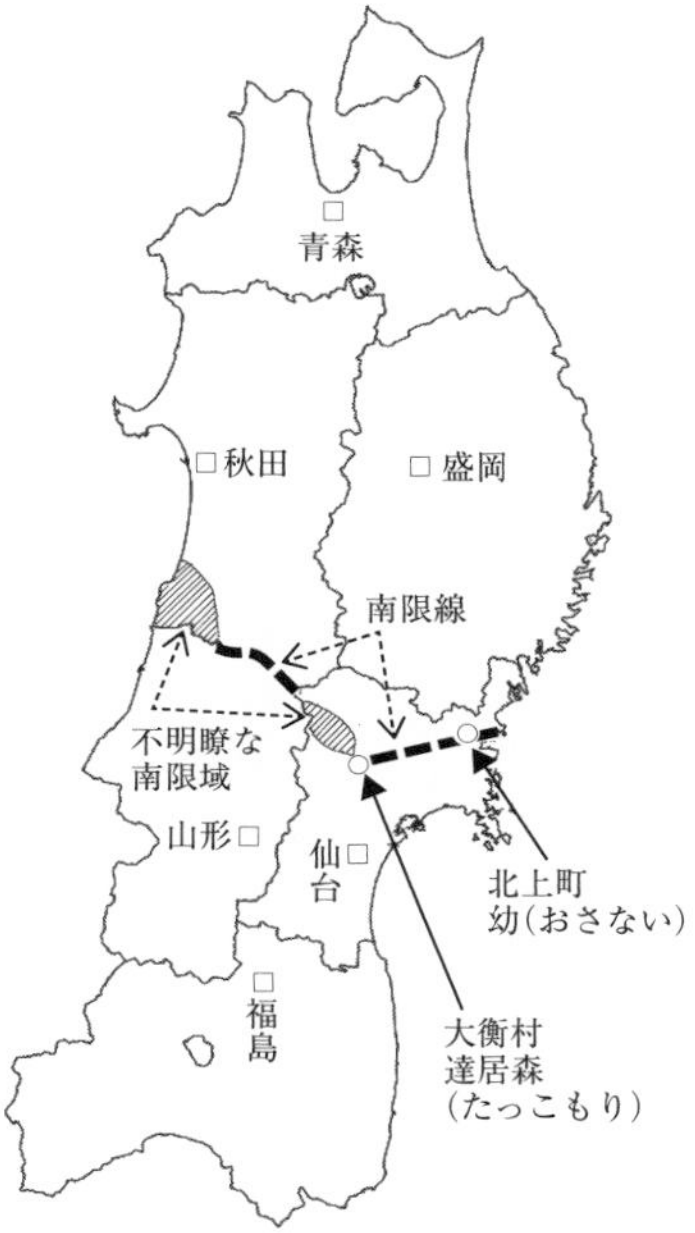

アイヌ語地名の南限線と南限域の図。奥羽山脈の西側では、秋田・山形県境と一致する線が南限線にひとしい。ただし、平野部では、それがかなり不明瞭になる。同山脈の東側では一般に明確さを欠くが、宮城県石巻市北上町女川字幼（おさない）と同県黒川郡大衡村大瓜の達古森（たっこもり）は、ともにアイヌ語に由来することが確実であり、一応これを南限線とした。達古森より北西では、はっきりした線を引くのはむずかしい。南限線と南限域をこのように考えた根拠については、のちに詳しく記す。

来のどんな説とくらべても、南限線を最も北に引いていることになると思う。そうである以上、とくに日本全国に広くアイヌ語地名が残っているとみなしている向きには、とうてい受入れがたい極論ということになるだろう。しかし、たしかにアイヌ語だといえる地名を指標にするかぎり、右の線引きには十分な根拠があることは立証が可能だと考えている。

わたしは先に『アイヌ語地名と日本列島人が来た道』（二〇一七年、河出書房新社）と題した小著を上梓し、そこでほとんど同じ趣旨の意見を述べている。だから、それに目を通された方には、旧著の焼き直しか屋上屋と想像されるかもしれない。たしかに、結論は変わっていないが、本書ではアイヌ語であることに合理的な疑いを差しはさめないくらい確実な地名だけを観察の新たな対象にしている。決して旧著の繰り返しをもくろんだものではない。

もし、アイヌ語地名の南限線が卑見のとおりだとするなら、日本人の起源論や日本古代史のいくつもの謎について、重要な示唆や、ときに決定的な解決の糸口を与えることになるはずである。

例えば、縄文時代の末期、北東アジアから列島に渡来してきた弥生人が中央部で増加、先住の縄文人は北と南へ追いやられてアイヌ人と沖縄人になったとする埴原和郎《はにはらかずろう》氏の「二重構造モデル」は成立しないことになる。アイヌは、そもそも列島中部に居住していなかったからである。アイヌが列島全体の先住民族だったという説や、「アイヌは原日本人」であるとの考え方も否定されてしまう。アイヌと沖縄人とのあいだに見られる遺伝子や頭骨、骨格、容貌などの部分的な類似も結局は「他人のそら似」だといえる。古代の文献にしばしば登場する「蝦夷《えみし》」なる集団も、おそらくアイヌを含んではいたろうが、アイヌと同じではないと結論するほかない。蝦夷は南限線のずっと南側にも広く存在していたからである。このあたりについては、後半の第九章、一〇章で詳述している。

ほかにも、アイヌ語地名の南限線を確実な証拠によって、きっちりと確定できれば、おのずと明らかになる事実は少なくない。ここに再び、アイヌ語地名の分布範囲を取上げる意味がある。

3 アイヌ語地名とみなすには、どんな条件が必要か

日本全国どこの地名だろうと現代アイヌ語で解釈して、これもアイヌ語、あれもアイヌ語だとする論は、二一世紀に入った今日も絶えることなくつづいている。

例を挙げれば、富山県東部の黒部川はアイヌ語で「影の川」を意味する「クル・ペッ」が語源だとする説も、その一つである。「日本で一番狭い谷である黒部峡谷に流れる黒部川には日の光があまり当たらない」、だから語義と実際が合致するというのであろう。その論理の粗雑さもさることながら、クロベの音をもつ地名、川名は各地に珍しくなく、ほとんどに日が十分に当たる事実を、どう説明するのだろうか。

埼玉県所沢市の「所沢」を難解な地名だとして、これをアイヌ語「ト・コロ」(湖を・もつ)の意にとり、「湖のある沢」とした人もいる。しかし、この近くに湖があったことは確認できないだけでなく、所沢、野老山《ところやま》、所久保などの地名はあちこちにあって、もとはトコロイモが多かった場所に付いた地名だと考えられる。トコロイモはヤマノイモ科に属し、アクはあるが根茎は食料になる。昔の人は、それが群生する土地に注目していたから地名として残ったのである。

高知県南西端の足摺岬は「アシュ・ソ・リ」で、「風が吹きつける裸岩の山」だと解釈した本もある。同岬は、もとは「サタ岬」といい、サタに「蹉跎《さた》」という難しい漢字を宛てていた。これを、いつのころからか「あしずり」と訓読みするようにもなり、のちに文字を「足摺」に変えたのである。したがって、アイヌ語とは何の関係もない。

右のような解釈例は、ひとことで言えば語呂合わせ、こじつけであって、およそ学問、研究とは無縁の代物である。卑見では、北海道以外のある地名がアイヌ語によって付けられたとするためには、以下の四つの条件を満たしていなければならない。

①北海道と本土のそれぞれに同じか、ほぼ同じ地名が数ヵ所以上存在すること。
②日本語では、まず解釈がつかないこと。
③逆にアイヌ語だと、かなり容易に意味をつかめること。
④そうして、これが最も大事な点だが、その地名が付いた場所の地形または地物などの特徴が、先に当てはめてみたアイヌ語の意味に合致すること。

この四つをすべて満たしたとき初めて、その地名はアイヌ語に由来することが確実だと考えるのである。

わたしは既刊の前記拙著で、おおむね右の原則にしたがって一三六ヵ所（一三六種類ではない）の地名をえらび、アイヌ語地名の分布は青森、岩手、秋田および宮城県の北部三分の一ほどにかぎられるという卑見を紹介している。その際、四条件を厳密に適用すると分析に必要な地名の数が少し足りなくなるので、一部、条件をゆるめた。すなわち、北海道と本土のいずれかに一つか二つしかない場合や、アイヌ語の意味が必ずしも明瞭でない例も含めたのである。

4　モヤ、タッコ、オサナイを全部調べる

今回、本書で取上げることにしたのは、先の四条件を完全に満たすだけでなく、その地名が付いた土地の写真（ただし、一部は地形図）を示せば、見る人にも、「なるほど、これはアイヌ語に由来するな」と納得していただけるものにかぎった。つまり、合理的な疑いを差しはさむ余地はまずあるまいと考えた地名をえらび、本土に分布するその地名が付いた場所は気づいたかぎりで全部まわり、写真に撮ったのである。

わたしが対象にしたのは、「モヤ」「タッコ」「オサナイ」の三つであり、その実数は本土分で、それぞれ一二ヵ所、一五ヵ所、一〇ヵ所の合わせて三七ヵ所になる。数では十分とはいえないが、これによってアイヌ語地名の研究には、どのような基準をもうける必要があるかはわかっていただけるのではないかと思う。

三つの地名の語義は、写真を示し、文章による説明をしたうえでまとめるつもりだが、一応の予備知識として簡単に記しておきたい。

・モヤ（もとのアイヌ語ではモイワ）——字義どおりには「小さな聖山」。実際には、かなり大きな聖山も含まれる。

・タッコ（同じくタプコプ）——モヤと似た概念の言葉だが、山そのものではなく「聖山の遥拝所」を指す場合もある。

・オサナイ（同じくオサッナイまたはオサンナイ）――「川尻が乾く川」または「山の尾根が川に向かって突き出したところ」を指すが、オサルナイ（川尻に草原がある川）のこともあるかもしれない。

「川尻が乾く川」といわれても、おそらくぴんとこない人も少なくないのではないか。それをいま詳しく説明するより、写真をご覧いただく方がずっとわかりやすいはずである。ほかの場合も含めて後述にゆずりたい。

なお、本書ではアイヌ、アイヌ人、アイヌ民族の語を混用している。別に厳密な使い分けはしておらず、そのときどきでわたしが適当だと考えたものを採用したにすぎない。南西諸島人と、その代表としての沖縄人についても同様である。

登場する方々の人名には敬称を付けたり、付けなかったりしている。これにも原則はない。ただ、存命の方や死去後あまり年月のたっていない場合には敬称を付け、わたしよりずっと古い時代の人は呼び捨てにしていることが多い。しかし、これもおおよその傾向である。

第一章　モヤはアイヌの「聖なる山」であった

1　「モヤ」という名の山のリスト

まず初めに、本土（ここでは北海道を除く地方の意）で「モヤ」という音をもつ山名を気づいたかぎりですべて列挙しておきたい。

①青森県五所川原市脇元字靄《もや》谷の靄《もや》山（一五二メートル）
②同県青森市雲谷《もや》の雲谷峠（五五三メートル。峠の名が付いているが、実際は山の名である）
③同県十和田市沢田の大母屋《おおもや》（五二六メートル）と小母屋《こもや》（五二八メートル）。わずかだが低い方を大母屋と呼ぶ理由については後述する。
④岩手県九戸《くのへ》郡軽米《かるまい》町小軽米の靄《もや》岳（五六七メートル）
⑤同県二戸《にのへ》郡一戸《いちのへ》町高善寺の茂谷《もや》（三八三メートル。山の名である）
⑥秋田県山本郡八峰《はっぽう》町の母谷《もや》山（二七六メートル）
⑦同県同郡藤里町粕毛《かすげ》の茂谷《もや》山（四五〇メートル）

⑧同県大館市山田字茂屋《もや》の茂屋方山《もやかた》（一一三六メートル）
⑨同県鹿角市十和田瀬田石の茂谷山《もや》（三六二メートル）
⑩同県大館市十二所《じゅうにしょ》の靄森《もや》（三六五メートル）
⑪同県能代市字大台野の茂谷山《もや》（二四八メートル）
⑫同県仙北市田沢湖潟の靄森山《もやもり》（三七三メートル）

ルビを振っておいたように、右は例外なく「モヤ」と読み、その分布は青森、岩手、秋田三県にかぎられている。

ただし、一二ヵ所のいずれかと同じ文字を用いた山名や地名が、もっと南に全くないわけではない。

- 福井県三方郡美浜町と三方上中郡若狭町境の雲谷山《くもたに》（七八六メートル）
- 岐阜県下呂市三原《さんばら》字茂谷《もだに》
- 群馬県利根郡みなかみ町の母谷沢《もや》

などは、その例である。

だが、福井県の山名はクモタニであってモヤではない。岐阜県の地名も、あくまでモダニである。地名は、ごくまれな例外を除いて、初めは口から耳へ、そして耳から受け入れて口に出していた。どんな文字を書くなどといったことを決めたうえで使いはじめたのではない。そもそも中世以前の庶民はむろん、権力の末端にいる者でも漢字の知識は皆無かほとんどもっていなかったのである。そんな時代が長くつづいたあと、主に文書を作成する必要から政治権力に連なる立場の人間が、それらしい漢字を宛てた場合が多かった。だから、例えば「雲谷」と同じ漢字を用いていても、モヤとクモタニは決定的に違うことになる。

群馬県の母谷沢は、たしかにモヤ沢だが、東北北部のモヤがすべて山名なのに、これは沢の名であり、前記一二ヵ所とは異質のように思われる。この点については、一二ヵ所について詳しく説明したあと、改めて取上げることにしたい。

2　山田秀三氏の先駆的研究

北海道のところどころにある「モイワ」という山名は、かつては簡単に「小さい山」と訳されていた。モは小さい、イワは山の意だと考えられていたからである。だが、どうもそんな単純な話ではなく、モイワにはもっと深い意味があるらしいことに気づき、その旨を初めて文章にしたのは、アイヌ語地名研究の第一人者、山田秀三氏である。

山田氏の『東北・アイヌ語地名の研究』（一九九三年、草風館）一二一ページ以下によると、北海道各地のモイワを見て歩いた結果、特徴として、

「先ず第一の要点は殆んどが目立つ独立丘であることだった。大小、高低、山形は必ずしも一様ではないが、先ずは独立丘である。稀にそうとも思えないモイワがあって、おやと思ったことがあったが、調べると或る方角から眺めると独立丘に見える」

ことがわかったという。氏は、さらに聞取りをつづけ、

「モイワのような独立丘は、土地のコタン（村落＝引用者）の神様のおられる処」

であるとの結論に達したのだった。信仰の山だとしたのである。

山田氏は、つづいて観察の範囲を東北地方の「モヤ」に広げていく。モヤをモイワの訛りではないかと推測したのである。そうして、前掲書に、

「(モヤも) 何だかモイワと同じような地形であり、その音もモイワとごく近い。東北地方のモヤは北海道のモイワの続きと見れば何とか説明がつくのではないかと考えたが、ほんとうはまだ自信が持てる処まで行っていない。それで若干の例を並べて同好の方にとにかく見て戴きたくなった」

と述べている。

山田氏は実は、この本が出版される前年の平成四年(一九九二)に九三歳で他界されており、右のいわば中間報告のような文章が遺稿になってしまったといえる。ただし、そこに挙げられた東北地方の四つのモヤ(前節のリストの①、②、⑪、⑫に当たる)の例から判断して、結論にはかなり強い自信をもっていたのではないか。

山田氏は、何ごとによらず非常に慎重な性格であったらしく、自らの研究でも断言をはばかる傾向が強かった。それに加えてモヤの現地調査が四ヵ所にとどまっていたことが、

「仲間と放談を交わすつもりで、自信がなくとも率直に書いた」

という表現になったのであろう。

わたしは、山田氏の先駆的な研究を土台にして、モヤについてはその数を一二ヵ所に増やして調査をしたわけだが、その結果はこれから紹介するように同氏が記した推測を完全に裏づけるも

のになった。

山田氏のやや詳しい経歴や、その研究、人となりについては本章末のコラムにゆずりたい。

3　青森のモヤは三角山である

①青森県五所川原市脇本字靄谷《もや》の靄山《もや》（一五二メートル）は、山田秀三氏が、「東北地方に来てゆっくりとモヤを眺めた初めての処」であった。

この山は写真を見ていただくとわかるように、まことにみごとな三角山である。しかも、ほかからは独立している。その形については、もはや文章による説明は不要だといっても過言ではない。ただ、話を次に移す前に、本書がモヤおよびタッコの山容を形容する際に用いている四つの類型を示しておきたい。

- 三角山　横から眺めた姿が三角形に見える山である。よく世間で富士山にたとえられる形の山であり、二五ページ右の靄山は、その典型だといえる。
- 準三角山　三角山に近いが、頂上のあたりが欠けていたり、全体にややいびつな形の山である。
- お椀山　みそ汁椀を伏せたような形の山である。山田氏は「円頂丘」と表現している。
- 鍋山　お椀山より平べったい感じで、中華鍋を伏せたような形の山である。

実際には中間形の山も珍しくない。どんな山かは写真の方がよりわかりやすいと思う。

五所川原市脇本の靄山は津軽半島の最北端、龍飛《たっぴ》崎から南へ二〇キロほどの日本海沿いに位置して、頂上には岩木山神社が祀られている。すっきりとした三角山であり、信仰の山でもあることがわかる。

なお、本書では合わせて三七ヵ所のモヤ、タッコ、オサナイが、ぽつんと一つだけ孤立して存在するアイヌ語地名ではないことを示すため、近隣のアイヌ語とおぼしき地名を併記することにした。それには国土地理院の五万分の一地形図を資料として用いている。すなわち、当該のモヤ、タッコ、オサナイが載っている五万図に見えるアイヌ語地名を気づいたかぎりで、すべて付記する方針をとった。

例えば、右の靄山は五万図の「小泊」の部に出ているが、そこには、

• 折腰内《おりこしない》川

• 小泊　いまは「こどまり」と言っているが、そう遠くないころまではポントマリと呼んでいた。ポンは「小さい」、トマリは「港、船溜まり」を指すアイヌ語である。ただし、後者は日本語からの借用である。

• 十三湖　いまは「じゅうさんこ」と称しているが、もとは「とさこ」「とさがた」であった。アイヌ語トー・サム（湖のかたわら）に由来することは疑いなきに近い。

といったアイヌ語地名が見えることを追記するのである。

五万分の一図の一面は東西が二二キロ、南北が一八キロくらいに相当するが、「小泊」の中にはモヤを含めてアイヌ語由来の地名が少なくとも四つはあることになる。

青森県五所川原市脇本の靄山①

青森市雲谷の雲谷峠②

②青森市雲谷《もや》の雲谷峠（五五三メートル）

青森県庁の南南東一〇キロばかりにそびえる、ほぼ完全な三角山である。既述のように、峠の名が付いているが、独立峰である。市街に近いこともあって、青森あたりの住民には昔からよく知られていた。現在、北西麓に雲谷スキー場ができており、写真にはリフトの支柱や照明塔の柱がたくさん写っている。山のまわりには雲谷、雲谷平、雲谷沢の地名や沢名がある。ほかに、五万分の一図の「青森東部」に、

・嘉瀬子内《かせしない》沢

が出ている。

③青森県十和田市沢田の大母屋《おおもや》（五二六メートル）と小母屋（五二八メートル）

青森、秋田両県にまたがる十和田湖の東端から一〇キロ余り北東の山中に並んでいる。沢田字芦名沢集落近くから生内《おもない》川沿いの林道を南西へ四キロばかり進むと、前方手前に準三角山が、その奥に三角山が見える。実際にはわずかながら低い方を大母屋と呼んでいるのは、ここらあたりからだとずっと大きく見えるからである。すなわち、この近辺に住んでいた人びとが命名したせいであろう。

五万図の「十和田」の部には、アイヌ語の可能性が高い地名として右の、

・生内川

のほかに次のようなところがある。

・十和田市洞内《ほらない》

・同市米田《まいた》字万内《まんない》

・同市滝沢字米内沼《よないぬま》

・青森県三戸郡五戸町倉石又重《またしげ》字牧内《まきない》

なお、川や沢については住居表示がしにくいので名だけを書き、地名は現行の住居表示によって記した。以下すべて同じである。

青森県では、三ヵ所、四つのモヤを紹介したが、いずれも基本的には三角山であることがわかっていただけると思う。

4　岩手の二つは、いずれも鍋山である

④岩手県九戸郡軽米町小軽米の霧岳（五六七メートル）

北上山地北部の山間地に位置し、青森県境まで一〇キロくらいしかない。

一・五キロほど北西の民田山《みんたやま》集落のあたりからしか山容全体を眺めることができないうえ、目立たない鍋山である。わたしは一二ヵ所のモヤのうち、もっとも平凡な形の山だという印象を受けた。もし、ここだけしか訪ねなかったとしたら、北海道のモイワと結びつける気にはならな

かったろう。

ただし、ここの靄岳は一帯の最高所であり、またほかから独立していることを考えると、かつては聖山としてあがめられていたものと思われる。さらに、わたしが気づかなかったもっと別の理由も加わって、民田山やその周辺で暮らしていたアイヌ人の信仰をあつめていたのかもしれない。

青森県十和田市沢田の大母屋（手前に大きく見える準三角山）と小母屋（左奥の三角山）③

五万図の「陸中大野」には、次のようなアイヌ語由来らしい地名が見える。

・原子《はらし》内《ない》川
・九戸郡軽米町上館字戸《と》草内《くさない》（ただし、現行の住居表示では上館第○地割と番号で表記されている。岩手県には、このような例が少なくない。以下では、通常の地名になおしてある）
・同町上増子《ますこ》内《ない》、下増子内
・岩手県久慈市大川目町田子《たこ》内《ない》と田子内川（タッコの一つであり、のちに改めて取上げる）

⑤岩手県二戸郡一戸町高善寺の茂谷《もや》（三八三メートル）
県の北部、馬淵《まべち》川沿いに開けた一戸町中心部のすぐ西方にそびえる、住民にはなじみの「ふるさとの山」である。

形は、お椀山と鍋山の中間といったところであろう。独立峰としてよいと思う。単にモヤと呼んでいるのは、アイヌ語の言い方をそのまま受け継いでいるといえる。

山頂近くに茂谷権現が祀られ、これに岩手山大権現と松林山神社が合祀されている。山麓に住む七〇代らしい女性は、

「昔、お詣りに行ったことがある。たくさんの人が来ていた」

と話していた。信仰の山だったことは明らかである。ただし、手元の一九七〇年編集の五万分の一図には神社の印が出ているのに、現在の図には見えない。神社としての実質を失ったと判断されたのかもしれない。

五万図「一戸」内のアイヌ語地名として、次が挙げられる。

- 馬淵川
- 瀬月内《せつきない》川
- 塚内《つかない》川
- 岩手県二戸市福岡尻子内《しりこない》
- 九戸郡軽米町山内《さんない》
- 同町軽米字横井内《よこいない》
- 同郡九戸村伊保内《いぼない》
- 同村荒谷字遠志内《とおしない》と遠志内川

なお、これまでアイヌ語由来だとしてきた地名の中にしばしば出てくる「〇〇内《ない》」のナイは、

「川または沢」を指す言葉である。また、馬淵川の「ベチ」は、やはり川、沢を意味する「ペッ」の訛りだと考えられる。山田秀三氏の計算によると、北海道のアイヌ語地名のうち二三%にナイが、一〇%にペッが付くという。実に三分の一がナイかペッ地名だということになる。おそらく、東北地方北部でも、この傾向は大きくは変わらなかったろうが、本書で取上げるのは、ほとんどナイ地名にかぎっている。ほかの場合は日本語との区別をつけにくいからである。このあたりのことは、のちに詳しく述べることにしたい。

5　秋田県北部にはモヤが多い

岩手県軽米町の靏岳④

同県一戸町の茂谷⑤

⑥秋田県山本郡八峰町《はっぽう》の母谷山《もや》（二七六メートル）

青森県境まで一二キロほどの日本海近くに位置する。

すぐ北側に薬師山（三一二メートル）があり、もとはこちらを「大母谷（大母爺《おおもや》とも表記）」、いまの母谷山は「小母谷」と呼ばれていた。二つとも、よく似た準三角山である。そうして、大母谷には磯前《いそさき》神社が、小母谷に太平山神社が祀られている。古くは、おそらくアイヌの神が祀られていたと思われる。いずれにしろ、信仰の対象になっていたことは間違いあるまい。

五万図の「能代」には、ここのほかにモヤが二つあり(後述の⑦と⑪)、さらに次のようなアイヌ語地名が見出せる。

- 秋田県能代市天内《あまない》
- 同市田床内《たどこない》
- 同市二ツ井町梅内《うめない》
- 山本郡藤里町粕毛字上長場内《おさばない》、下長場内と長場内川

なお、わたしが令和元年十月、山麓で会った五〇代とおぼしき男性は、

「自分は、この町の中学校を卒業しましたが、同級生に家の屋号を『アイヌ』という生徒がいました」

と話していた。どうも、まわりからはアイヌの血を引く家系だとみられていたらしい。

東北地方の北部には、自らアイヌと認識し、また周囲にもそう考えられていた人びとが明治以後になっても、かなり存在していたようである。その例については、のちに一章をもうけて詳しく記したい。

⑦秋田県山本郡藤里町粕毛の茂谷山《もや》(四五〇メートル)

山本郡八峰町の母谷山から真東へ一五キロくらい、粕毛川(米代川の支流)をせきとめて造った素波里《すばり》ダムの南岸近くにそびえる。

鍋山だが、この近辺では最高所であり、堂々として大きい。いちいち記すことはしていないが、モヤには小、中学校の遠足のとき登っていたというところが多い。よく目立ち、また住民に敬われていたからだと思われる。ここも、かつては生徒たちの遠足の山であった。
粕毛の茂谷山が載る「能代」のアイヌ語地名については、前項に紹介ずみである。

⑧秋田県大館市山田字茂屋《もや》の茂屋方山（二三六メートル）

粕毛の茂谷山からさらに二〇キロばかり東、岩瀬川（米代川の支流）沿いの小平野に臨んでいる。

わりとすっきりした準三角山で独立峰である。茂屋方の「カタ」はおそらく日本語で、西側の茂屋集落の「肩」のような山あるいは、茂屋集落に属するとでもいった「方」（味方、敵方などの方）の意であろうか。もとは単にモヤと呼んでおり、それが麓の集落の名になったため山に方を付けて区別することにしたのかもしれない。

　五万図では「鷹巣」に出ている。

秋田県八峰町の薬師山（大母谷、左側）と母谷山（小母谷）⑥

同県藤里町の茂谷山⑦

・小《お》猿部《さるべ》川
・大館市比内町
・山本郡藤里町藤琴字院内岱《いんないだい》（タイは

秋田県大館市山田の茂屋方山⑧

同県鹿角市十和田瀬田石の茂谷山⑨

平坦地を指す日本語）
・同町藤琴字中小比内《こびない》（上と下がある）、出戸《でと》小比内
・北秋田市米内《よない》沢（地名だが、もとはヨナイと呼ぶ沢によると思われる）
・同市綴子《つづれこ》字田子《たこ》ヶ沢《さわ》（タッコの一つになる。後述）

⑨秋田県鹿角市十和田瀬田石の茂谷《もや》山（三六二メートル）
秋田県の北東部に位置し、岩手、青森県境から一五―二〇キロほどしか離れていない。

十和田毛馬内《けまない》の町場から西方に、ぽっかりと浮かんだように見える、きれいな三角形の独立峰である。

このあたりで暮らす人びとは日に何度となく眺める「ふるさとの山」であり、その形から「毛馬内富士」とも呼ばれている。北西麓に月山神社が祀られ、山頂近くにもその祠《ほこら》があるという。同神社は、平安初期の征夷大将軍、坂上田村麻呂が「蝦夷《えみし》討伐」を祈願して建立したとの伝説がある。しかし、もとは茂谷山を神体とする山岳信仰の里宮ないしは遥拝所だったのではないか。その位置づけはアイヌに始まり、和人に受けつがれた可能性が高い。

五万図「大館」の部には、次のようなアイヌ語由来と思われる地名が見える。

・秋田県大館市釈迦内《しゃかない》と小釈迦内
・同市茂内《しげない》、大茂内と茂内沢、大茂内沢
・同市大子内《おおしない》
・同市花岡町鳥内《とりない》
・同市比内町味噌内《みそない》
・同市比内町達子《たっこ》と達子森（タッコの一つである。後述）
・同市比内町中野字長内《おさない》沢（地名）と長内沢（オサナイの一つである。後述）

なお、比内町十二所字平内《へいない》は人名の可能性を否定できないので含めない。

⑩大館市十二所の靄森（三六五メートル）

前項、十和田瀬田石の茂谷山から南西一〇キロばかりに位置する。

JR花輪線十二所駅の裏手（南側）にそびえ、比高差も三〇〇メートル近くあるのに、十二所の街並みのあたりからは全く見えない。ところが、米代川を北へ渡って十二所から二キロくらい離れた大館市軽井沢字浦山へ行くと、独立した、きれいな準三角山が正面に望める。それが靄森である。すなわち、ここのモヤは山麓ではなく、米代川の対岸のアイヌ人たちがあがめていたと考えられる。

十二所の靄森が出ている「大館」のアイヌ語地名については、すでに前項で取上げておいた。

⑪秋田県能代市字大台野の茂谷《もや》山（二四八メートル）

秋田県の北部、能代市の能代港から東へ一五キロくらいの内陸に位置する。

きれいな形のお椀山で、海上からも見分けがつきやすかったためであろう、かなり離れているにもかかわらず、古くから能代沖の船乗りや漁師たちの山当ての山であった。

山頂には磯前《いそさき》神社が祀られている。これは⑥の山本郡八峰町のモヤの項で紹介した薬師山（もとの大母谷）頂上の神社と同じである。磯前神社の信仰は現茨城県東茨城郡大洗町の大洗磯前神社と、同県ひたちなか市の酒列《さかつら》磯前神社（ともに一〇世紀前半成立の「延喜式」に記載された名神大社）に発する。茨城県で信仰されていた神社が、遠く離れた秋田県の二つのモヤ山に祀られているのは、江戸時代の初期、常陸（茨城県）の国主、佐竹氏が徳川家康によって出羽（秋田県）に国替えを命じられたからである。

おそらく、それ以前すでに両方のモヤ山に神社

秋田県大館市十二所の靄森⑩

同県能代市大台野の茂谷山⑪

があったが、名前を「磯前」に変えたのではないか。神社の名や祭神が変わることは珍しくない。

大台野の茂谷山が載っている五万図「能代」の部に見えるアイヌ語地名については、⑥の項に記してある。

⑫秋田県仙北市田沢湖潟の靄森山（三七三メートル）

これまでに紹介した一一ヵ所の、いずれのモヤよりもずっと南、緯度では秋田県中部の田沢湖南岸にそびえている。すなわち、わたしが確認できたモヤの中では最南部の山になる。

頂上に登れば、湖全体を眼下に見渡せる、ほぼ完全な三角山である。このような形と立地の山が信仰の対象となるのは、当然すぎることのように思われる。

秋田県仙北市田沢湖潟の靄森山⑫

靄森山が載る「田沢湖」の部には、アイヌ語地名がとても多い。

・小比内《こびない》沢
・コッベツ沢（ペッ地名の可能性が高い）
・仙北市西木町の桧木内《ひのきない》川
・同市田沢湖生保内《おぼない》の桧木内川（右とは全く別の川である）
・同市田沢湖生保内と生保内川
・同市西木町上桧木内字浦子内《うらしない》と浦子内沢
・同町上桧木内字比内《ひない》沢（地名）と比内沢
・同町上桧木内字堀内《ほりない》と堀内沢
・同町桧木内字相内《あいない》と相内沢

・同町桧木内字相内潟（右とは別）
・同町桧木内字小波内《おなみない》と小波内沢
・仙北市田沢湖生保内字相内端と相内沢（前記の相内沢とは別）
・同市田沢湖岡崎字院内《いんない》（五万図では上院内）と院内岳
・同市田沢湖潟字田子ノ木《たっこき》（靄森山の麓の集落名。タッコ地名の一つである。のちに詳述する）

なお、わたしが平成二十八年（二〇一六）十月、靄森山から五キロほど南東の田沢湖生保内字下堂田《しもどうでん》で会った一九四七年生まれの男性から次のような興味ぶかい話を聞くことができた。

「これは自分が子供のころ、明治生まれの祖母から聞いたことですが、生保内の武蔵野にある東源寺の裏にアイヌ部落があったということです。何家族がいたか、その人たちを祖母が実際に見たことがあるかどうか、わかりません。時期は何百年も前のことではなく、祖母が生きていた時代か、せいぜいそれより少し前のことじゃありませんかね。祖母の話しぶりから、そういう印象を受けました」

東源寺は、田沢湖岸から東へ四キロばかり、生保内字武蔵野に現存する曹洞宗の寺院である。

6　いずれも目立つ形の独立峰である

前節までに挙げた一二ヵ所、一四のモヤは、すべてほかから独立してそびえる山ばかりで、連山または群山の中の一つの盛上がりといった例はない。

そのうち①、②、③の二つ、⑥の二つ、⑧、⑨、⑩、⑫は三角山あるいは準三角山である。一四のうち実に一〇が、とんがった峰をもつことになる。これは「モヤ」の名が付いた山の著しい特徴だといえる。

とはいえ、モヤが三角山の意でないことは、右以外の四つ④、⑤、⑦、⑪がお椀山か鍋山であることから、はっきりしている。また、山の高低も大きさもまちまちであり、山容によって付いた名でないことも明らかである。それでは、モヤの本義は、どこにあるのだろうか。

注意すべきは、わたしが確認できたかぎりでも一四のうち①、⑤、⑥の二つ、⑨、⑪の合わせて六つの山頂または、その直下に今日も神社が祀られていることである。これはモヤがかつては「山の神信仰」の対象になっていた名残りではないかと思われる。

現在ではどこによらず、もちろん周辺にアイヌ人は住んでいない。いや、例えば③の青森県十和田市沢田の大母屋と小母屋が眺められる生内川の中、上流域には和人の集落さえ皆無である。つまり、たとえ過去に聖山であったとしても、その信仰を受け継ぐ人間がいなくなっている。そういう状況のもとでの神社六つは、単なる偶然ではあるまい。それに、⑫の秋田県仙北市田沢湖潟の靄森山など、神社はないようだが、見るからに信仰の山としての条件をそなえていそうである。

結局、モヤとは、山田秀三氏が指摘したように、
「コタンの神様がおられる処」
と考えて、まず間違いないと思う。
それは次章で取上げる、言葉としての「モヤ」の原義の追求と、その次に紹介する「タッコ」

地名の調査によって、さらに確実になるはずである。

本章の最後に、一二ヵ所のモヤに加え、一五ヵ所のタッコ、一〇ヵ所のオサナイの所在地を白地図の上に落として、それぞれの場所が視覚的にわかるようにしておきたい。記号は黒三角がモヤ、白丸がタッコ、黒丸がオサナイになる。「はじめに」に掲げたアイヌ語地名の南限線は、この図と、のちに図示する一一五ヵ所のナイ地名および二一ヵ所のペッ地名の所在地をもとにして引いたものである。

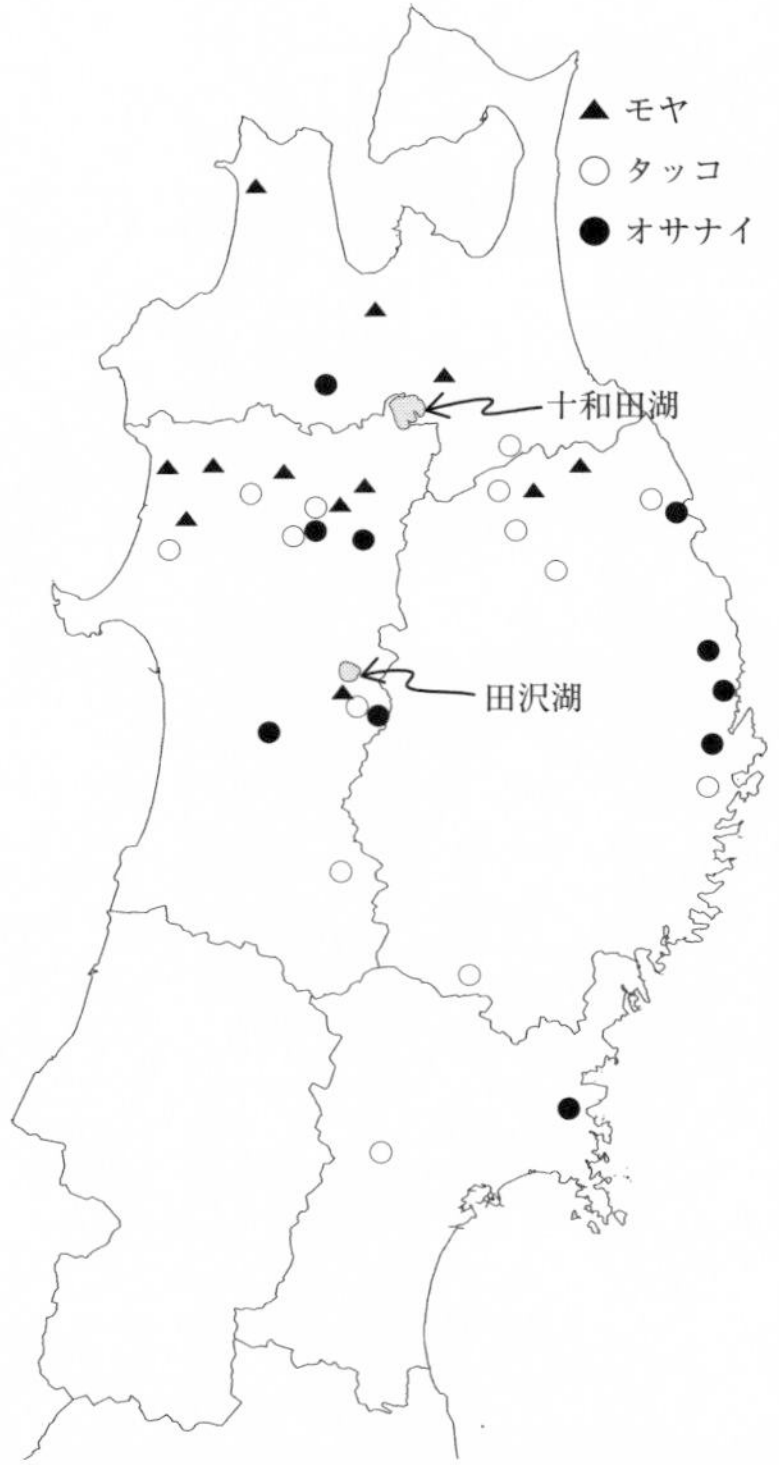

モヤ（12ヵ所）、タッコ（15ヵ所）、オサナイ（10ヵ所）の分布図。宮城県大衡村大瓜字達居の達居森（たっこもり）や同県石巻市北上町女川字幼（おさない）は、確実にアイヌ語といえる地名の最南部に位置する。わたしは山形県では、まだアイヌ語地名を一つも確認できていない。

【コラム】① 山田秀三氏のこと

山田秀三《ひでぞう》氏（一八九九―一九九二年）は本籍は福岡県であったが、生まれは東京である。東京帝大政治学科を卒業後、第二次大戦前はずっと官僚として過ごした。敗戦の年の昭和二十年（一九四五）八月には商工省整理部長の職に就き、その二ヵ月あとに退官している。

四年後の同二十四年、東京に本社を置いて設立された北海道曹達《ソーダ》株式会社の社長に迎えられ、それから二〇年間その地位にあった。次の一〇年間は会長、つづいて三年間は相談役として同社の経営に関与した。実業の世界から完全に手を引いたのは八二歳のときである。つまり、山田氏はプロの研究者であった時期は一度もない。氏がしばしば自らの研究を「道楽」と称したのは、そのような事情からであろう。

山田氏が初めてアイヌ語地名に関心を抱いたのは、仙台鉱山監督局長として宮城県仙台市に赴任していた昭和十六年からの二年のあいだであったという。「〇〇内《ない》」といった、北海道と東北以外ではほとんどない地名がやたらに見られることに気づいたのである。

「戦後間もなく」（おそらく昭和二十年中か、遅くとも翌年＝引用者）、アイヌ語学の権威として知られていた金田一京助氏（一八八二―一九七一年）を訪ね、アイヌ語とアイヌ語地名について教えを乞う。金田一氏は山田氏の地名研究の的確さに感心し、二人の交流は金田一氏の死去までつづいた。

山田氏が北海道曹達の社長に就任してほどなく、同社は北海道に工場を造ることになり、山田氏は一年の半分を北海道で暮らす生活が始まる。氏ははからずも、北海道のアイヌ語地名に触れる機会を得ることになったのである。氏の地名研究は以後、一貫して現地調査を主にしていた。それがどんなものかは、これから追いおい記していきたい。

山田氏は、その後、アイヌ民族出自のアイヌ語学者、知里真志保《ちりましほ》氏(一九〇九―六一年)の知遇を得て、二人は相おぎないながら道内の各地を歩きまわった。二人を引き合わせたのは金田一氏である。金田一氏は、東京大学言語学科における知里氏の指導教官だっただけでなく、個人的にも物心両面で知里氏を援助した恩人であった。

知里氏は気難しく、しばしばそれまで親しくしていた旧友とも衝突、仇敵のような関係になることがあったらしい。しかし、山田氏とは最後まで、けんか別れをすることはなかった。山田氏はいたって謙虚な人柄だったようで、一〇歳の若年であった知里氏に対して、アイヌ語の師として接したことが大きな理由だったのではないか。

知里氏は研究上のこととなると、どんな人間にも遠慮せず、それはときに激しい個人攻撃の様相をみせることが少なくなかった。だから、何を言わんとしているかがよくわかる。一方、山田氏は慎重すぎるところがあって、極力、断定を避ける傾向があり、それがときに真意をつかみにくくしている一面があるといえるかもしれない。

なお、知里氏の人生、人となりについては、藤本英夫氏のすぐれた伝記『知里真志保の生涯』(一九八二年、新潮社)がある。

第二章　「モヤ」の原義を求めて

1　北海道の「モイワ」

モヤという言葉が、北海道の山名に残っているモイワと意味は同じであり、またモイワの名が付いた山が北海道に数ヵ所以上存在することを示すため、モイワの例をいくつか挙げておきたい。

・札幌市中央区の円山《まるやま》（二二五メートル、明治の初めまでモイワといった）

札幌市街の西にそびえる独立したお椀山である。ここから南方二・八キロほどに、いま藻岩山《もいわ》（五三一メートル）という名の山があるが、こちらはもとはインカルシペ（知里真志保氏の訳では、いつもそこへ上って敵を見張ったり、物見をしたり、行く先の見当をつけたりするところ）と呼ばれており、円山が元来のモイワであった。明治の初め、和人が混同、誤解して現行の呼び方になった。

・虻田《あぶた》郡ニセコ町のモイワ山（八三九メートル）

北海道の南西部、渡島《おしま》半島の付け根のあたり、函館本線ニセコ駅の北西七キロほどに位置する。

ニセコモイワ・スキー場の北端にそびえている。わたしは行ったことがないが、写真によると、ゆるやかな三角山のようである。この近隣には二キロくらい北東のニセコアンヌプリ（一三〇八メートル）、一〇キロばかり東南東の「蝦夷《えぞ》富士」とも呼ばれる後方羊蹄山《しりべしやま》（一八九八メートル）など、はるかに高く、きれいな形の三角山が珍しくない。この事実から、モイワは決して他を圧するような堂々たる独立峰を指すとはかぎらないことがわかる。

・広尾郡大樹《たいき》町萌和《もいわ》のモイワ山（一八五メートル）

帯広市街と襟裳岬の中間あたりに位置する。平野の中に独立している。ただし、とくに高くもなければ、目立つ形でもない。ややいびつな鍋山に分類できるのではないか。山頂近くに展望台ができており、見晴らしは申し分ない。

・浦河郡浦河町野深《のぶか》のポロイワ山（三七二メートル）とモイワ（標高不明）

襟裳岬の北西五〇キロ余り、元浦川の東岸にある。ポロは「大きい」、モは「小さい」の意であり、ポロイワ山は国土地理院の五万分の一図をはじめ、少し詳しい地図にならたいてい載っている。山田秀三氏は『東北・アイヌ語地名の研究』の一二五ページ以下で、「その辺を圧する大きな円頂独立山である」と表現している。一方、モイワは「相当広い平野を挟んでポロ・イワと対峙して」おり、「美しい饅じゅう型の独立丘」だとしている。ただし、モイワの正確な場所は地形図でも確認できない。その山をモイワと呼ぶことは、昭和五十四年（一九七九）、山田氏が地元出身の浦川タレというアイヌ女性の案内で現地を歩いたとき教えられたことだった。山田氏によると、そのモイワは「文献にも古図にもない」という。北海道であれ、東北北部であれ、このようにして消えたアイヌ語地名は少なくなかったに違いない。

・古宇《ふるう》郡泊村大字興志内《おきしない》村字茂岩《もいわ》の弁天島（五三メートル、もとモイワといった）

札幌の西方七〇キロくらい、積丹《しゃこたん》半島西岸の日本海に浮かぶ。きれいな三角形の岩山で、陸地から五〇メートルほどしか離れていない。いまは橋がかかっている。東北南部より西または南でも、「弁天島」と呼ばれる地先の小島はたくさんあり、漁民たちの信仰の対象になっている。アイヌも、ここを神のすみかとしてあがめており、のちにそれを受け継いだ和人が水の神の弁財天を祀ったものだと思われる。

以上は、あくまで北海道のモイワの例示であって、ほかにもまだまだ少なくない。山田氏は、それらについて、

「特別の場合を除けばどれも独立丘。円頂丘もあれば三角山もあり、平べったい饅じゅう型のものもある」（前掲書一二五ページ）

「モイワのような独立丘は、土地のコタンの神様のおられる処だった。それに、そんな姿のモイワは一生活圏にだいたい一つなのであった」（同一二三ページ）

と述べている。

2　モイワが訛ってモヤとなった

前節で名前を挙げたアイヌの「浦川タレ媼《おうな》」は、浦河町野深のポロイワ山について、

「今でも野深ではイナウ削りをして竜神祭をして山を拝するのだ」

と話したという。昭和五十四年ごろでも、一帯のアイヌにとってポロイワ山は聖なる山だったのである。イナウとは、知里真志保氏の『地名アイヌ語小辞典』（一九五六年、北海道出版企画センター）によると、「木を削って作ったぬさ（幣＝引用者）」のことである。一方、ポロイワと対峙するモイワの方では、「特別な伝承は聞かなかった」としている。

北海道には、少なくとももう一つ、

・常呂《ところ》郡佐呂間町の幌岩山《ほろいわ》（三七六メートル）

というポロイワがある。アイヌ語ではパ行の音とハ行の音を区別しないが、日本語になるとたいていハ行の音として発音される。つまり、ポロイワとホロイワは同音だといってよい。

幌岩山は、オホーツク海に面する北海道の北東岸の汽水湖で、琵琶湖、霞ケ浦に次ぎ日本で三番目に大きいサロマ湖の南岸に位置している。湖岸から望むと、ゆるい三角山に見える。その山容、湖との位置関係など、前章⑫の秋田県仙北市田沢湖潟の靄森山《もやもり》（三七三メートル）とそっくりである。

このような山が、湖の漁業で生活する住民や湖を行き来する人びとの信仰をあつめていたことは、まず疑いあるまい。いま、それをはっきりと確認できないのは、要するに時代の経過にともなう習俗の忘却であろう。

既述のように、ポロ（ホロ）は「大きい」、モは「小さい」の意である。この二つの言葉は、また親と子、二つ並んだものの「大きい方」と「小さい方」を指すことも多い。前節の浦河町野深のポロイワとモイワは、まさしくそういう関係にあるといえる。

ポロイワもモイワも結局、山田秀三氏が指摘したように、
「土地のコタンの神さまのおられる処だった」
と考えられる。

つまり、ポロイワは「大きい（方の）聖山」、モイワは「小さい（方の）聖山」と訳して大過ないことになる。

東北地方北部の場合、北海道のポロイワにぴったり当てはまる名の山に、わたしは気づいていないが、モヤとモイワに重要な共通点があることは明らかである。この二つの語は音がごく近い。相手が「モイワ」と言っているつもりでも、聞く方には「モヤ」と聞こえることだってありえる。そうだとするなら、モヤがモイワの訛りである可能性はきわめて高いといってよいと思う。

北海道にモイワがあってモヤがないらしいのは、いまから一世紀くらい前までは、まだアイヌ語を日常語として使用する人びとがかなりおり、それからさらに半世紀ほど前まではアイヌ語が北海道の主要な言語だったことと関係していると考えられる。彼らにとって、モイワはあくまで「モ・イワ」（小さな聖山）であった。それを「モヤ」と言ってしまえば、意味がわからなくなる。かなり明瞭に「モ・イワ」と発音していたから、和人もそう聞き、そのまま文字に移したのである。

一方、東北北部ではアイヌ語は、おそらく数世紀以上前にほとんど死語にひとしくなっていた。「モイワ」と聞いても、その意味はわからない。言葉は一般に、つづまる方向に訛っていくから、いつのころにか「モヤ」に変化したのではないか。

3 「イワ」とは何か

ともあれ、モイワ、モヤのさらに厳密な意味を知るには、イワという言葉について詳しく調べてみる必要がある。『地名アイヌ語小辞典』の「イワ」の項には次のように見える（この辞典ではアクセントのある部分を平仮名で書いており、また、読点や区切りに独特の記号を使っているが、本書ではアイヌ語はすべて片仮名で記し、記号は一般的なものに変えてある）。

「岩山、山。―この語は今はただの山の意に用いるが、もとは祖先の祭場のある神聖な山をさしたらしい。語源は kamuy-iwak-i（神・住む・所）の省略形か」

知里氏は、山田氏といっしょに道内各地を歩いて、現地調査をすることが少なくなかった。右の辞典で、イワを「もとは祖先の祭場のある神聖な山をさしたらしい」としているのは、その折りの見聞や、山田氏の指摘によったからではないか。

その点はともかく、イワに岩山の意があるのは、日本語の「岩」との関連で気になるところである。アイヌ語には、日本語から借用した単語が、逆の場合よりはるかに多いらしい。

泊り―トマリ（船溜まり、港）
磯―イソ（岩礁）
殿―トノ（役人、偉い人）
金《かね》―カニ（鉄、金属）
塩―シポ（塩）

坏《つき》、杯《つき》（食物を盛る器、盃《さかづき》のつき）―トゥキ（酒杯）
鉢―パチ（鉢）
筬《おさ》（機《はた》織り機の部品）―ウォサ（筬）
箕《み》（ちり取り型の農具）―ムィ（箕）

など、いくらでもある。

マロニエに似た木と、その実を指すトチ（栃）も日本語、アイヌ語とも同音、同義で、これをアイヌ語起源だとするアイヌ語学者もいるが、全く逆で日本語からアイヌ語に移された言葉である。それは、トチの付いた地名が北海道にはほとんどないのに、関東以西にはわずらわしいほど多い事実から立証される。トチの実は、日本の堅果類の中では最も大きい部類に入り、食用としての利用価値が高かったから、それが生えている場所に栃沢、栃川、栃谷……などの地名が付いたのである。

アイヌ語で神を意味する「カムィ」も、日本語と音が近い。前述の箕が、アイヌ語で「ムィ」と変化していることも合わせ考えると、これも日本語からの借用の可能性を否定できまい。イワについても同じことがいえる。ただ、トチとは違って、それを証明する方法がない。いずれであれ、仮にカムィやイワが日本語からの移入であったとしても、かなり古い時代のことであり、長年にわたってアイヌ民族は固有語のように使ってきたことは間違いないように思われる。

北海道には、大雪山系の主峰で北海道の最高峰、上川郡東川町の旭岳（二二九一メートル）や空知《そらち》郡上富良野《ふらの》町・上川郡美瑛《びえい》町・同郡新得《しんとく》町にまたがる十勝《とかち》岳（二〇七七メートル）、浦河郡浦河町・広尾郡大樹町境の神威岳《かむい》（一六〇〇メートル）、釧路市・足寄《あしょろ》郡足寄町境の雌阿寒岳《めあかん》（一四九九メートル。単に阿寒岳ともいう）などのように、どのポロイワ、モイワとくらべても秀麗で高い山が珍しくない。

また、文字どおり「神の山」を意味する、

・登別市のカムイヌプリ（七五〇メートル）
・川上郡弟子屈《てしかが》町のカムイヌプリ（八五七メートル）
・札幌市の神威《かむい》岳（九八三メートル）
・石狩郡当別町の神居尻《かむいしり》山（九四七メートル。アイヌ語のシリには「山」の意がある）

や、前記の、

・浦河町・大樹町境の神威岳（一六〇〇メートル）

なども、ほとんどのポロイワ、モイワより高くて目立つ山容のようである。

つまり、ポロイワ、モイワは信仰の対象になっていた山ではあっても、東北以南の富士山（三七七六メートル）や立山（最高峰の大汝《おおなんじ》山は三〇一五メートル）、白山（二七〇二メートル）などの近隣を圧する壮大な山岳とは違う。いや、四国の石鎚山（一九八二メートル）や九州の英彦《ひこ》山（一一九九メートル）のように、もっとスケールが小さくても複数の国（現在の県）にわたってあがめられていた聖山とも趣きを異にしていたらしい。要するに、ポロイワもモイワも、「ふるさとの山」「特定のコタンや、いくつかのコタンの氏神のような山」だったのではないか。東北のモヤも、同じような性格の山を指していた可能性が高い。それは、東北北部で圧倒的な存在の霊山、岩木山および岩手山の二つとモヤとを比較することによって、いっそう明らかになると思う。

4　青森の岩木山と岩手の岩手山

東北の北部三県で秀麗な形の高山といえば、
・青森県弘前市と西津軽郡鰺ヶ沢町境の岩木山（一六二五メートル）
・岩手県八幡平市・滝沢市・岩手郡雫石《しずくいし》町にまたがる岩手山（二〇三八メートル）
の名がまず挙げられる。

岩木山は周知のように、津軽平野の西に屹立する青森県の最高峰である。その山容から「津軽富士」と称される独立峰であり、平野の果てにいきなり立ち上がっているので、実際の標高よりはるかに高く見える。このような山岳が、信仰の対象にならないことはありえない。事実、この山は津軽の人びとにとっては、神そのもののような存在で、「お岩木山」と敬語を付けて呼ばれている。山頂に岩木山神社が祀られているのは、その当然の結果であろう。

知里真志保氏は、この「イワキ」を kamuy-iwak-i（神・住む・所）の kamuy が省略された言葉ではないかと考えていた。これだと、イワキの語源は iwak（住む）という動詞であることになる。アイヌ語には古文献がないうえ、イワキの音をもつほかの語との比較もされていないので、指摘の当否を判断するのは難しい。

岩手山は、盛岡市の北西方向にそびえる岩手県の最高峰である。奥羽山脈の主稜線からはずれ

岩手県最高峰の岩手山

青森県最高峰の岩木山

ているので、独立峰に近い。方角によって片側が欠けているように見えることから、「南部片富士」とも呼ばれる。ここも、あらゆる点で霊山としての条件をそなえており、山麓に岩手山神社が祀られている。「いはての山」「岩手の山」は平安時代末や鎌倉時代の和歌集など古文献に出ているので、古くからの名であることがわかる。

岩木、岩手の両山が、前章で列挙した一二ヵ所、一四のモヤとはけた外れの壮大な信仰の山だったことは、だれの目にも明らかである。ところが、両山と一四のモヤ（モイワ）には、「イワ」という共通の名が付いている。これは、ただの偶然だろうか。事例が少なすぎることを考えると、あるいはそうかもしれない。

だが、いずれであれ、モヤが「小さな聖山」であったことに変わりはない。モヤは、アイヌの人びとが日々あがめていた、自分たちだけの神が住む場所だったのである。すなわち、今日に残るモヤはアイヌ語であることが確実な地名だといえる。

モヤが東北の北部三県に分布することは、すでに紹介したとおりである。それは、この地方にかつてアイヌ民族が住んでいたことを示している。しかし、これだけでは、もっと南にアイヌが地名を残していなかったことを裏づける証拠にはならない。それで次に、東北南部より南あるいは西のことを取上げてみたい。

5 東北の北部以外でモヤは見つからない

何ごとによらず、存在しないことを立証するのは、存在の証明にくらべて著しく困難である。後者は確実な例を一つ挙げれば、それでおしまいだが、前者はやかましいことをいえば、悉皆《しっかい》調査が必要になるからである。

ところが、地名というのはほとんど無数にあり、ある特定の地名がどこにもないと断言することなど現実にはできるものではない。したがって、例えばモヤについては、東北北部でそれをさがしたのとほぼ同じ程度の精度で、ほかの地方を調べてよしとするしかないことになる。

そのような条件付きでのことだが、東北地方の北部以外に「モヤ」の名をもつ山はないようである。少なくとも、わたしは一つも見つけられなかった。

ただし、先のリストに見えるモヤの一部と同じ漢字を宛てた山名や地名がないことはない。例えば、

・福井県三方郡美浜町と三方上中郡若狭町にまたがる雲谷山《くもたにやま》(七八六メートル)
・岐阜県下呂市三原《さんばら》字茂谷《もだに》(地名)

などである。

だが、これらはあくまでクモタニ、モダニであってモヤではない。モヤとは全く別義の語による命名である。

五万分の一地形図には、

・岐阜県不破郡垂井《たるい》町の喪山《もやま》

という地名が出ている。モヤヤマがモヤマにつづまることはありえるが、この地名は同地の前方後円墳または円墳の「喪山古墳」によっている。古代の埋葬地であることが知られており、「葬送の山」の意で喪山と呼ばれるようになったと思われる。実際、同古墳には「葬送山」の称もある。

・大阪府泉佐野市上之郷の母山《ははざん》

をモヤマとした資料もある。しかし、これはハハザンであってモヤマではない。

・群馬県利根郡みなかみ町の母谷《もや》沢

は、わたしが気づいたかぎりでは、東北南部より南西では唯一のモヤが付いた地名であった。全国どこの地名であろうと、すぐアイヌ語で解釈したがる人たちなら、飛びつきたくなる例かもしれない。また、これをアイヌ語ではないと断言するだけの証拠を示すことも難しい。しかし、東北北部の一二ヵ所、一四のモヤが例外なく山の名であったのに対し、こちらは沢の名である。近くにモヤが付く山もないようである。さらに、この沢が載っている五万図の「四万《しま》」や隣の「追貝《おっかい》」の部には、アイヌ語とおぼしき地名は一つも見当たらない。これはやはり、「他人のそら似」の一例だろうと思う。

【コラム】② 地名には「他人のそら似」がとても多い

発音だけでいえば、もとから北海道にある地名、すなわちアイヌ語に由来する地名と全く同じ地名は東北の北部以外にも少なくない。例えば、

・高知県高岡郡津野町北川の当別《とうべつ》峠

のトウベツは、

・北海道石狩郡当別《とうべつ》町

のトウベツと同音である。漢字は、ともに宛て字だから問題にしても意味はないが、たまたま同じ文字を用いている。

アイヌ語のト（トー）は湖、沼を指す。ベツは川、沢の意のペッの訛りである。だから、トー・ベツは「湖（沼）のある川、沢」ということになる。札幌市の北隣の当別町を流れる当別川（石狩川の支流）の下流域は、いまは一帯が水田になっているが、さして遠くないころまで沼沢地であった。それで、アイヌ人は、その川をトー・ペッと呼び、和人の耳にはトー・ベツに近い音に聞こえたため「当別」と表記したのである。のちに、それが町の名になったことは、いうまでもない。

一方、高知県のトウベツの「トウ」は、「峠」のことである。峠をトウという地方は珍しくないが、同県などでは、ごく普通にそう呼んでいる。五万図の「檮原《ゆすはら》」の部には、当別峠のす

ぐ南に「藪《やぶ》が峠《とう》」の地名が載っている。峠は中国地方あたりではタワと称することが多い。柳田國男は『分類山村語彙』の中で、「峠のタゥゲも手向けから出た語ではなくて、タワゴエのつまつた音であるといふ説は正しいと思ふ」と述べている。山と山のあいだの低くタワんだところが、峠だというのである。トウはタワのウ音便化であろう。

それでは、こちらのベツとは何か。高知県などでは、「端」のことをしばしば「ヘチ」と言っている。ベツは、この訛りだと考えられる。つまり、トウベツは「峠のそば」を指していた可能性が高い。それが、いつの間にか峠そのものの名に移ったのだと思われる。この一帯には、ささやかな谷川しか流れておらず、湖も沼も全くない。結局、音はアイヌ語のトーベツに近似していても、ただの偶合にすぎないことになる。

- 北海道稚内市宗谷村字珊内《さんない》
- 青森市三内《さんない》
- 秋田市山内《さんない》
- 栃木県日光市山内《さんない》
- 東京都あきる野市三内《さんない》と三内川

右の五ヵ所の「サンナイ」のうち、北海道、青森、秋田の三つはアイヌ語である。サンは「出る」、ナイは「川、沢」の意だから、サン・ナイで「出る川」ということになるはずだが、これだけでは何のことかわからない。その本義は「(ふだんは水がわずかしかないのに、大雨が降ると水がどっと) 出る川」であり、かっこの部分を省略して単に「出る川」と呼んだのである。この事実を初めて明確に指摘したのは、山田秀三氏であった。同氏は、アイヌの老人からそう教えられ、道内と東北北部のサンナイをいくつも訪ねて、それに間違いないことを確認している。わたしも、東北のサンナイを何ヵ所かまわってみたが、いずれもそのような川、沢であった。

これに対して、日光の山内は輪王寺や東照宮、二荒山《ふたらさん》神社の「境内」あるいは字義どおりには「一山《いっさん》の内」を指している。宗教施設とくに仏教寺院の境域内をサンナイと音読みするのは、仏教が外来の宗教であり、その最初から漢字と不可分の関係で、わが国に受容されたからである。

青森県三内の三内中学校。出水にそなえて1階部分が駐車場になっている。このように柱で持ち上げる建築構造をピロティ式と呼ぶ。

東京都のサンナイは川の名といっしょになっていることもあって、形のうえではいかにもアイヌ語である。しかし、角川書店の『角川日本地名大辞典』によると、この村の開発者は三宮四朗綱遠という人物で、孫の代にここを三宮村と称するようになり、のち三宮氏が姓を「三内」と改めた際、村名も三内にしたのだという。それが戦国時代のことらしい。つまり、アイヌ語とは何の関係もないことになる。

- 北海道樺戸郡月形町札比内《さっぴない》
- 岩手県遠野市上郷町佐比内《さひない》
- 秋田県仙北市西木町上桧木内字比内《ひない》沢と比内沢（沢の名）

・三重県いなべ市藤原町日内《ひない》
・沖縄県八重山郡竹富町上原のヒナイ川とピナイサーラの滝

北海道の札比内について、山田氏は現地の石狩川水系札比内川を調査した結果からサッ・ピ・ナイ（乾いた・小石の・川）の意であろうとしている。夏に行ったら「カラカラに乾いていて、まるで砂利を敷いた自動車道路みたい」（『アイヌ語地名の研究3』二〇ページ）だったからである。

山田氏は、岩手県遠野市の佐比内を流れる北上川水系猫川も、現地調査によって「北海道の札比内と同じ地形であることが判然とした」（同二一ページ）と述べている。

となると、北海道や東北北部に散見されるピナイ、ヒナイは「小石の川」となりそうである。知里真志保氏の『地名アイヌ語小辞典』でも、ピナイは「小石川」となっている。

それでは秋田県仙北市の比内沢も、その一つだろうか。わたしはここを訪ねたことがあるが、必ずしもそんな感じは受けなかった。前記辞典によると、ピン・ナイ（細く深い谷川）が訛ってピナイとなる場合があるらしい。この比内沢は、あるいはその意味かもしれない。仙北市の上桧木内の一帯はアイヌ語地名だらけである。比内沢のヒナイがアイヌ語に由来することは間違いないと思う。

三重県いなべ市の日内も、音だけをとればアイヌ語のピナイ（ヒナイ）と区別がつかない。ただし、日内はかつては飛那井、日奈井とも書いており、これは、ここのヒナイが「ヒナ井」だった可能性を暗示しているといえる。「井」は水場のことだが、とくに農業用の水路を指す。

ヒナが何か確かなことはわからない。しかし、「辺鄙な場所」のことを「ヒナ」ともいい、「古い」を意味する「ヒネ」という言葉もある。つまり、ヒナイは日本語で「村里を遠く離れた井」や「古い用水路」を指すヒネ井の転訛だと解釈することもできる。

沖縄県竹富町（西表《いりおもて》島）のヒナイやピナイサーラは、アイヌ語地名は全国的に広く分布するとしている人びとには、飛びつきたくなる事例であろう。実際、そう述べた本もある。しかし、これが偶合にすぎないことは、『角川日本地名大辞典』や平凡社の『日本歴史地名大系』を開いてみればすぐわかる。そこには「ヒナイ（ピナイ）は、この地方の方言で髭《ひげ》、サーラは垂れ下がったものを指す」旨のことが記されている。すなわち、落差五四メートル、沖縄県最大の滝を「垂れ下がった髭」に譬えたのである。ヒナイ川は「ピナイサーラの滝がある川」の意になる。かつては「髭川」と書いて「ヒナイガワ」と読ませたこともあった。

明らかなアイヌ語地名と同音または近似の音の地名は、全国至るところに、いくらでもある。それをやみくもに拾い出して、これもアイヌ語、あれもアイヌ語と言ってみても、所詮こじつけ、語呂合わせにしかなるまい。大事なことは、対象にした土地の地形、地物の実際がアイヌ語の意味と合致しているかどうかである。とくに、同音の地名を数ヵ所以上、現地調査をしてみて、そこに共通した特徴を指摘でき、それがアイヌ語で無理なく解釈が可能なとき初めてアイヌ語地名だといえることになる。そのような手続きを無視、省略した「研究」は結局、言葉あそびに終わってしまうだろう。

第三章　タッコは「聖山の遥拝所」も含む

1　タッコ地名のリスト

既述のように、モヤという名の山は東北地方の北部にしかないようである。モヤの音をもつ地名も、東北南部より南ではほとんど見つからない。

ところが、タッコはともかく、それに近いタコ、タコウ、タゴ、タツゴなどが付く地名は東北北部以外でも少なくない。これらについては、のちに代表的な事例をえらんで卑見を記すことにし、いまはわたしが現地調査をした結果、まず間違いなくアイヌ語であろうと判断できたタッコ地名のリストを次に掲げておきたい。

①青森県三戸郡田子《たっこ》町田子

②岩手県久慈市大川目町田子内《たっこない》

③同県二戸市浄法寺《じょうぼうじ》町田子内《たこない》沢

④同県二戸郡一戸町小繋《こつなぎ》字東田子《たこ》、字西田子

⑤同県岩手郡葛巻町葛巻字田子《たっこ》
⑥同県下閉伊郡岩泉町小本《おもと》の龍甲《たっこ》岩
⑦同県同郡山田町織笠字田子《たっこ》ノ木《き》
⑧同県一関市の達古《たっこ》袋《だい》（一九五四年まで正式の地名として残っていたが、現在の住居表示からは消えた）
⑨秋田県北秋田市綴子《つづれこ》字田子《たこ》ヶ沢《さわ》
⑩同県大館市比内町達子《たっこ》
⑪同市同町谷地中《やちなか》のタッコ馬替《うまかえ》沢
⑫同県山本郡三種《さんたね》町下岩川字達子《たっこ》
⑬同県仙北市田沢湖潟の田子《たっこ》ノ木《き》
⑭同県雄勝《おがち》郡東成瀬村田子内《たごない》
⑮宮城県黒川郡大衡《おおひら》村大瓜《おおうり》字達居《たっこ》

右の一五ヵ所に振っておいたルビは、現行の一般的な住居表示などによっている。明瞭にタッコと促音でのみ呼ぶところも多いが、普通はタコと言っている土地もある。ただ、⑭の秋田県東成瀬村の場合だけは、みなタゴと第二音節を濁って発音している。しかし、これも結局はタッコ地名にほかならないことは、のちに詳しく説明したい。

なお、これから取上げていくタッコ地名は、モヤのときと違ってリストの順番どおりにはなっていない。どうもタッコには大きく分けて「神聖視している山」と「その山を遥拝する場所」の二つの意味があるらしく、それをわかっていただくためである。

2　三角山の場合

⑩秋田県大館市比内町達子

には、達子《たっこ》森《もり》（二〇七メートル）という、大館市をはじめ近隣一帯の住民によく知られた山がある。

達子森は高くも大きくもないが、とても目立つ独立三角山であり、頂上には薬師如来が祀られている。つまり、典型的な「ふるさとの山」「地域の信仰の山」だといえる。それは、モヤのうちのある種の山とそっくりで、ここだけを見るとモヤとタッコは同義の言葉ではないかと思えるほどである。

達子森が載っている国土地理院の五万分の一図「大館」の部に出ているアイヌ語由来が確実な地名は、モヤのリスト⑨で紹介ずみなので、ここでは省略する。

⑮宮城県黒川郡大衡村大瓜字達居

にも、達居森（二六三メートル）がある。

これも、みごとな三角山である。ただし、この山は東西に延びた山稜の東端近くに位置しており、独立峰ではない。それを北ないし北東側から望んだときにのみ、写真のようなきれいな形に見えるが、もっと東または西へ移動すると、ごく平凡な格好に変わる。山の北麓の小集落が達居である。平成二十八年（二〇一六）四月、わたしがここを訪ねたとき達居には民家は二戸しかな

宮城県大衡村の達居森⑮

秋田県大館市比内町の達子森⑩

名前も同じで、形もよく似ている。

いということだった。

達居森の二キロほど北北西には女達居山《めだっこ》（二〇七メートル）がある。この山がなぜ、タッコと名づけられたのか、わたしにはよくわからない。達居森を眺めることができる善川《ぜんがわ》沿いの平坦地からは、ふんわりとした感じの山に見え、ほかから独立してもいない。あるいは、どこか一定の場所からは三角形に見えるということだろうか。

大衡村の達居森は、仙台駅の北二五キロくらいに位置する。これは、疑問の余地がないアイヌ語地名の最南部になる。ここまで南下すると、さすがにまず間違いなくアイヌ語由来であろうといえる地名は、ほかにほとんど見当たらない。五万図「吉岡」の部では、達居森の北東麓に、

・同村大瓜字源内《げんない》

が出ているだけである。しかし、これは人名にもとづくかもしれないので、ただちにアイヌ語地名とすることは適切ではない。

また、地元住民によると、源内の近くに要内《ようない》なる通称地名があるという。こちらは五万図には載っていないが、ナイ地名の可能性がある。ただし、ここから一キロばかり北西に、いま「折口館跡」と呼ぶ中世の城館があったといい、ヨウナイはヨウガイ（要害）の訛

りではないかとの疑問が残る。要害、要害山は中世の城館に付随して、しばしば現れる地名である。

⑥岩手県下閉伊《しもへい》郡岩泉町小本の龍甲岩

これは山ではなく、小本川が太平洋に流れ込む河口のあたりに浮かぶ岩の島である。といっても、すぐ地先に位置して、いまではコンクリートの堤防で陸とつながっている。その姿は、先端がとんがった、めったにないような三角形である。

岩手県岩泉町小本の龍甲岩。三角形の岩の島である。⑥

これが、小本川の下流域や、その先の太平洋で漁業にしたがう人びとの注意を惹かなかったことなどあり得ない。山当てにもなったろうし、異形のたたずまいに神秘を覚えて信仰の対象にもなっていたに違いなく、それゆえタッコの名がついたことは疑いあるまい。

龍甲岩が含まれる五万図の「岩泉」には、次のようなアイヌ語由来と考えられる地名が見える。

- 長内沢《おさない》（のちに詳しく触れる）
- 岩泉町小本字大牛内《おおうしない》
- 同町乙茂《おとも》字荷内《にない》川
- 同町袰野《ほろの》字袰野（ホロは「大きい」の意のアイヌ語、野はおそらく日本語であろう。金田一京助氏は、アイヌ語と日本語のちゃんぽん地名は折りおりあるとして、それを半訳地名と呼んでいた）
- 下閉伊郡田野畑村年呂部《としろべ》

・同村久春内《くしゅんない》（日本統治下の樺太すなわち現在のロシア領サハリンには久春内村があった）

3　お椀山もある

⑤岩手県岩手郡葛巻町葛巻字田子

田子は、葛巻の町の西はずれで、馬淵川がほとんど円形に蛇行して流れるところで川に囲まれた一角を指す地名である。そこには「八幡様の山」と呼ばれる、きれいなお椀型の丘がうずくまっている。このお椀山は標高こそ四八八メートルあるが、まわりの土地も高いので、比高差は一〇〇メートル未満ではないか。

岩手県葛巻町田子の「八幡様の山」。典型的なお椀型のタッコである。⑤

北麓に葛巻八幡宮がある。つまり、いまでこそ九州に発祥した「ヤハタ（八幡）の神」を祀る形になっているが、もとはアイヌ人が山そのものを神としてあがめており、それを和人が受け継いで信仰の対象にした結果だと思われる。

田子の周囲には、はるかに高く大きい三角山がいくつかあり、ここのタッコはそれらの遥拝所を兼ねていたのかもしれない。いずれであれ、八幡様の山は「ふるさとの山」「コタンの氏神」であったろう。

五万分の一図「葛巻」では次のようなアイヌ語地名がひろ

秋田県三種町達子の男達子（右）と女達子（左）。ともに小さいながら完全な独立丘である。⑫

える。

・馬淵《まべち》川
・葛巻町葛巻字浦子内《うらしない》
・同町江刈字打田内《うったない》
・同町田部字市部内《いちべない》
・九戸郡九戸村戸田字瀬月内《せつきない》と瀬月内川（川の方はモヤ⑤に既出）
・二戸郡一戸町宇別《うべつ》
・同町小鳥谷《こずや》字若子内《わかこない》

なお、九戸村戸田字平内《へいない》と平内沢は、人名の可能性があるので含めていない。

⑫秋田県山本郡三種町下岩川字達子

達子集落の真ん中に男達子《おだっこ》、そこから南東へ五〇〇メートルほどに女達子《めだっこ》という、ともに小さいながらお椀型の完全な独立丘がある。

男達子は、お椀を二つ並べたような山容で、標高は四三・五メートルだが、まわりとの比高差は二〇メートル前後であろう。頂上に達子神社が祀られており、この近隣の人びとの信仰をあつめている。

女達子は、さらに小さく、比高差は一〇メートル以下ではないか。

青森県田子町の旧田子城跡。ここをタッコと呼んでいたか。①

田んぼの中のこぶのような盛上がりで、一見したところでは古墳の感じである。わたしが東北北部で目にしたかぎりでは、こんなにささやかなタッコ、モヤはほかにはなかった。

五万図「森岳」の部には、アイヌ語地名としてはほかに、

・能代市浅内《あさない》と浅内沼

が見えるだけである。

①青森県三戸郡田子町田子

街並みの西端あたりを田子町田子字田子といい、ここの小高い丘は旧田子城の跡で、いまは町立田子中学校が建っている。この丘は東側から望むと、お椀山に見える。ただし、独立丘ではなく、西から延びてきた尾根の先端部に当たる。⑮宮城県大衡村達居の達居森も山稜東端の三角山だったことを考えると、ここはお椀型のタッコだとしてよいのではないか。

知里真志保氏の『地名アイヌ語小辞典』には、

タッコのもとのアイヌ語であるタプコプ(tapkop)について、「離れてぽつんと立っている円山、孤山、孤峰」と「尾根の先にたんこぶのように高まっている所」の二つの意味が挙げられている。これは北海道での観察例にもとづく解釈だろうが、岩手県葛巻町の「八幡様の山」や秋田県三種町の男達子、女達子は前者の、青森県田子町の旧田子城跡は後者の例にかぞえることができるだろう。

五万図の「田子」には次のようなアイヌ語地名が載っている。

- 頃内川《ころない》
- 惣辺川《そうべ》
- 猿辺川《さるべ》
- 丹内沢《たんない》
- 田子町田子字丹内（右の丹内沢とは全く別）
- 三戸郡三戸町斗内《とない》
- 同郡南部町小向字米内《よない》
- 同郡新郷村戸来《へらい》字羽井内《はいない》と羽井内沢
- 同郡五戸町倉石又重字牧内《まきない》（モヤ③に既出）

これまでに紹介した六ヵ所のタッコは、右の青森県田子町の田子がやや明瞭を欠くものの、いずれも特徴のある山または岩島そのものを指していた。しかし、それではどうしても説明がつかないタッコがある。以下では、そのような例を取上げたい。

4　三角山を望む場所

⑧岩手県一関市の達古袋

既述のように、達古袋は現在、住居表示上の地名としては残っていない。だが、昭和二十九年（一九五四）までは西磐井郡萩荘村内の大字名であり、かつては五万分の一地図にも大きく載っていた。また、現行の一関市萩荘《はぎしょう》字八幡には廃校になった達古袋小学校の校舎が保存されている。わたしは、ここを訪ねる前から本当にタッコと呼べる山が見つかるのかどうか、危惧を抱いていた。達古袋は江戸時代の達古袋村のころから、かなり広い範囲を含む広域地名になっており、その地名のもとになった場所がどこか、資料によって確かめることができていなかったためである。

案の定、達古袋は奥羽山脈の東側に広がる台地状の高原で、地内にはなだらかな山が多く、事情に通じた住民に訊いても「三角形やお椀型の独立峰」などはないと答えるのだった。「東西一〇キロに及ぶ」という旧達古袋村の奥まで車を走らせてみたが、それらしい山は見当たらなかった。

やはり駄目だったかと思いながら、なおあきらめきれず、いったん達古袋小学校跡へ引き返してきた。そのあと、来た道とは別のルートをたどって次の目的地に向かおうとしたのである。そうして、小学校跡から東へわずかに三〇〇メートルばかり、萩荘字広面《ひろおもて》という小集落の三叉路で左手（西側）に目をやったとき、はるかかなたにきれいな三角山がシルエットのように空中に浮かんでいたのだった。

山は高くて大きい。しかし、わたしには何山なのか、わからなかった。住民に訊くと、栗駒山だという。それなら、名前は知っていた。山麓に当たる地域を歩いたことも何度かあった。といっても、山の姿をしげしげと眺めたことはない。わたしは初めて、その山をゆっくりと遠望した。

栗駒山（一六二七メートル）は岩手、宮城県境に位置し、秋田県境にも近い。東北地方の人びとにはなじみの名峰である。ただし、その山頂は広面からは西へ二〇キロも離れている。栗駒山と、ここのタッコの地名を結びつけることができるのだろうか。

実は、わたしが現地を訪ねた一五ヵ所のタッコのうち、半分以上が遠くの秀麗な形の高山を望める、ごく狭い範囲の場所に付いた地名であった。

達古袋の場合も、広面の三叉路からほんの数十メートル位置をずらせば、もう栗駒山は全く見え

岩手県一関市萩荘字広面から望んだ栗駒山。ここ以外からは全く見えない。⑧

なくなる。つまり、タッコは、そのような一角を指す言葉でもあると考えられる。要するに、「聖山の遥拝所」である。

達古袋《たっこだい》のダイ（濁らなければタイ）は「平坦地」を意味する地形語で、とくに東北地方には、これが非常に多い。一般には「平」ときどき「岱《たい》」の文字を宛て、「袋」とするのは珍しい。ただし、アイヌ語で「森」のことをタイといい、達古袋のダイがこれである可能性はありえる。

いずれにしろ、かつてこの近隣に住んでいたアイヌ人は、はるか西方にそびえる三角形の高山を神としてあがめ、それを眺めることができる一角を「タッコ」と呼んだのであろう。すなわち、いま広面と称している地区が達古袋村の発祥地だったことになる。村社の八幡神社や、明治時代にできた小学校が、そこからわずか三〇〇メートル前後しか離れていないのも、広面のあたりが村の中心地だったことを示している。

達古袋の西半分が載る五万図「栗駒山」に見える、

・年内沢《としない》（宮城県栗原市花山の地内）

は、まず間違いなくアイヌ語に由来すると思われる。しかし、東半分を納める「一関」の、

・栗原市金成末野字宇内沢《うない》

は、人名にもとづく可能性がある。

⑦岩手県下閉伊郡山田町織笠字田子ノ木

は、三陸海岸の山田湾から西へ五キロくらい入っただけだが、まわりを山に囲まれた山間地で

ある。織笠川両岸の小平坦地に、全部で三十何戸かの民家が点在し、あたりを見まわしても近くの山々しか目に入らない。その中には三角形やお椀型の独立峰は、ないようだった。

ところが、川の上流方向の一角だけはやや視界が開け、そのはるかかなたに、きれいな三角山がそびえている。わたしは、すでに一関市の達古袋での経験があったので、「あれだな」と予想した。

わたしが令和元年十月にここを訪れた日はあいにくの曇り空で、しかも夕方に近かった。問題の山は、ときどき雲か靄の向こうに消えては、また現れたりしていた。田子ノ木集落の真ん中にかかる田子ノ木橋の上からは、その山が真正面に望める。しかし、橋を少しはずれると、もう全く見えなくなる。ここと、その延長上の狭い線だけから遥拝できるのである。

山の名を知っている住民には会えなかった。ただ、橋のそばに住む八〇代らしい男性によると、

「あの山は、上閉伊郡と下閉伊郡との境にあって、頂上に三角点がある。場所は宮沢峠の北になる」

ということだった。

五万分の一図で条件に合う山をさがすと、田子ノ木から西へ五キロほどの標高六一三・七メートルとある山が見つかる。地図にも名は書かれていないが、男性の話のとおりだとすると、これが田子ノ木の西方にそびえる三角山であろう。

なお、田子ノ木の「キ」が何を意味するかについては、次の秋田県仙北市田沢湖潟の田子ノ木の項で卑見を述べることにしたい。

岩手県山田町田子ノ木の北方にシルエットのように浮かんだ名称不明の三角山⑦

五万図「大槌」の部に載るアイヌ語地名としては次を挙げることができる。

・岩手県上閉伊郡大槌町大槌字柾内《まさない》
・同町大槌字大飛内《おおとびない》と小飛内沢
・同町大槌字袰岩《ほろいわ》（同県宮古市川井にも字袰岩がある。ともに川の屈曲部に突き出した舌状の土地で、北海道の聖山を指すポロ・イワとは違っている）

⑬秋田県仙北市田沢湖潟の田子ノ木

ここの田子ノ木は、いま正式の住居表示上の地名としては使われていないようだが、五万分の一図「田沢湖」の部にははっきり出ており、近隣住民も日常的に用いている（第四章九三ページの地図参照）。

田子ノ木は、モヤの⑫で紹介した田沢湖南岸の靄森山《もやもり》（三七三メートル）南東麓に位置する小集落である。つまり、ここでモヤとタッコが結びついていることになる。ここから靄森山の頂上までは七〇〇か八〇〇メートルほど、山がもっとも形よく眺められるところであり、まことにモヤの遥拝所にふさわしい。

ただし、先に取上げた岩手県一関市の達古袋や、同県山田町の田子ノ木が、はるかかなたの高くて大きい三角山を望める、ごく狭い一角を指していたのに対し、ここの場合、靄森山を目にできるのは田子ノ木にかぎらない。そこからは山が近々と、すっきりした三角形に見えるというだけである。このことから考えて、タッコの本義の一つは聖山への距離や、それを眺望できる範囲の広狭にあるのではなく、あくまで「聖山の遥拝所」を指すのではないか。

田子ノ木の「キ」は、おそらく日本語であろう。キとは何かの構造物で囲まれた境域または、その構造物のことである。古代、大和政権が対蝦夷《えみし》用に新潟県や東方地方に設けた渟足柵《ぬたりのき》や出《で》羽柵《わのき》などのキである。キには通常、「柵」か「城」の字を当てる。前者は、それらのキが木製の柵をめぐらせていたことを示しており、後者は、その軍事的役割を意識した宛て字だと思われる。やはり蝦夷対策として置かれた多賀城や秋田城も、いまは「ジョウ」と読んでいるが、当時はタガノキ、アキタノキといっていた。

古代東北のキは、単なる軍事施設というより、実際は政庁のようなものだったらしいが、とにかくキはその種の境域だけとはかぎらない。例えば、今日も「奥津城《おくつき》」と呼んでいる墓域も一種のキである。それは「奥（人が死後、入っていく場所）のキ」を意味している。墓域も何らかの構造物で区切られていたから、その名が付いたのである。

田沢湖畔の田子ノ木には、靄森山を神の山として信仰するアイヌ人たちの祭場があったのではないか。岩手県山田町の田子ノ木についても同じことがいえると思う。そうだとするなら、そこも神社の玉垣に当たるようなもので囲まれていたろう。
なお、少なくとも一部地域のアイヌ人は、いつのころかにキという日本語を借用し、やがて自らの言葉のように使っていた可能性もありえる。
五万図の「田沢湖」には、明らかなアイヌ語地名がとても多い。それは、すでにモヤの⑫に記しておいたとおりである。

5　三角山を望む場所（つづき）

②岩手県久慈市大川目町田子内

ここの田子内は、三陸海岸に面した久慈市街から西へ五キロほど、田子内川（久慈川の支流）沿いの小集落である。海からそう遠くないのに、まわりは山ばかりで見通しがきかないところは、先の⑦岩手県山田町田子ノ木と感じが似ている。

平成二十八年（二〇一六）十一月中旬、わたしは田子内で六〇代の住民男性に、この近くに三角形かお椀型の山がないかと訊いた。男性は初め、言下にそんな山はないと答えたが、しばらくたって、

「そういえば、黒森が三角形だなあ。だけど、ここからは見えませんよ。久慈川べりまで下ったら、見えるところがある」

と言いだしたのだった。

持参の五万図「陸中大野」の部に目をやると、田子内の北西三キロ余りに黒森（三六六メートル）なる山が載っている。田子内沢沿いの狭い道は集落の先で行き止まりになっているということなので、わたしは北の田沢川沿いから黒森へ近づくことにした。

途中の枝成沢《えだなり》（地名）で会った八〇代の男性によると、

「黒森はきれいな形の山だが、ここら辺からは見えない。久慈高等学校の近くへ行ったら、よく見えますよ」

ということだった。

久慈高校が、大川目の町中にあることはわかっている。だが、そこへはのちに行くことにして、わたしはさらに黒森の方角へ車を走らせた。山頂まであと一キロくらいの長久保にいた八〇代の男性も、

「黒森は、このすぐ先だが、道沿いからは見えない。あの山は、ずっと下《した》の久慈川のあたりからだけ三角形に見えます」

と話したのだった。

久慈高校は久慈川の北岸にある。反対側の南岸に、国道281号と平行して土手道が通じている。車がめったに通らないので、周囲を観察するのに適切である。その土手道の大日大橋の少し東あたりから北西を眺めると、たしかに一帯のほかの山より高い三角山が目に入った。それが黒森であろう。ただし、本書でこれまでに紹介してきたモヤ、タッコの名が付く三角山にくらべたら、目立たない方である。それに独立峰でもない。だが、久慈川沿いに暮らしていたアイヌ人た

ちは、これを自らの聖山として仰いでいたものと思われる。

ここのタッコ地名は遥拝所を指して付いたものではない。田子内から黒森は望むことができないからである。田子内は、黒森が三角形に見える久慈川べりから二キロばかりも離れている。なぜ、そこがタッコナイと称されるようになったのだろうか。

ナイとは川、沢のことである。田子内集落の中を流れて久慈川に注ぐ田子内川は、その源を黒森の東側直下に発している。これから考えて、タッコナイとはタッコすなわち黒森から流れてくる川を意味していた可能性が高い。

岩手県久慈市大川目町の久慈川べりから黒森を望む。②

黒森の名をもつ山は、とくに東北地方に少なくないが、ここの黒森はかつてアイヌ語で「タッコ」と呼ばれていたろう。そこから川の名ができ、やがて川沿いの集落の名にもなったのだと思われる。

五万図「陸中大野」内のアイヌ語地名については、モヤの④で紹介ずみである。
⑭秋田県雄勝郡東成瀬村田子内
は、いろんな意味で右の久慈市田子内に似ている。

ここの地名は、いまでこそ「タゴナイ」を正式としているが、これは宛ててある漢字にしたがったためで、もとは「タッコナイ」といっていたろう。

田子内は、秋田県の南部、横手市十文字町の市街から奥羽山脈の方に向かって一二キロばかり東進した山間の町場である。成瀬川（雄物川水系皆瀬川の支流）沿いに国道342号を車で走っていると、田子内の何キロか手前から前方に典型的な三角山が見えはじめる。これは薬師岳（五四二メートル）といい、田子内の町並みの背後一・五キロほど南東にそびえている。

薬師とモヤまたはタッコが結びついた例としては、既述の、

・秋田県八峰町の大母谷《おおもや》（いまは普通、薬師山と呼んでいる）

・同県大館市比内町の達子森（山頂に薬師堂が祀られている）

秋田県東成瀬村田子内の背後にそびえる薬師岳。きれいな三角山である。⑭

がある。これらを聖山として仰いでいるうち、いつのころかに薬師如来が勧請された結果だと思われる。

現在、田子内に、その名の川はない。だが、薬師岳の南麓を源として山の西側を流れ、成瀬川に合する大沢川という沢がある。タッコナイはアイヌ語では川または沢を指していたはずなので、その地名が残っている以上、古くは同名の川があったに違いない。それが今日の大沢川であろう。それは、やはりタッコ（現薬師岳）から流れてくる川の意であったと考えられる。

五万図「横手」には次のようなアイヌ語地名が見える。

・虫内沢《むしないざわ》

・横手市増田町狙半内《さるはんない》と狙半内川

・岩手県和賀郡西和賀町細内《ほそない》と細内川
なお、横手市山内《さんない》（旧平鹿郡山内村）は合併地名であり、同市平鹿町上吉田字深間内はフカマウチなので含めていない。
⑨秋田県北秋田市綴子《つづれこ》字田子ヶ沢
は、同市鷹巣の市街から綴子川（米代川の支流）に沿って五キロばかり北上した山間の小集落である。まわりに山が迫っているが、北の方の一角だけ視界が開けているところは、⑦の岩手県山田町の田子ノ木によく似ている。一帯を車で走っても、近くに三角形やお椀型といえるような山は見当たらない。

それで、わたしは山田町の田子ノ木と同じ遥拝所を指す地名ではないかと考えた。ところが、令和元年十月のその日の午後は、あいにくの小雨もようで遠くの山々はほとんど眺めることができなかった。ただ、雲が切れたわずかな瞬間、北方に高い山が幻のように姿を現すのが二、三度、望めた気がした。しかし、すぐに消えて形まではわからない。いや、目にしたのが本当に山だったのかも、はっきりしないくらいであった。

たまたま車で通りがかった中年の女性に訊いたら、たしかにその方角に頂上がとんがった山があるとのことだった。女性は子供のころ一度だけ登ったとも言ったが、山の名は思い出せなかった。わたしは翌朝、出なおすことにした。

次の日はまずまずの天気で、田子ヶ沢へ着いたら北西方向に、ややいびつな準三角山が前日よりずっと近い感じでそびえていた。その山は集落の南はずれの、ほかよりいくぶん高くなったところからのみ眺望できて、ちょっと場所をずらすともう見えなかった。写真を撮っていると、昨日の女性がまた通りかかり向こうから声をかけてきて、

「隣のおじさんに確かめたら、あの山は萩《はぎ》ノ方《かた》山というそうです」

と教えてくれた。

五万図によると、萩ノ方山は標高四六六メートル、田子ヶ沢の北西三キロほどに位置している。アイヌ人たちは、かつてこの山を「タッコ」と呼んでいたのであろう。いまの田子ヶ沢は、それを遥拝する場所であった。

秋田県北秋田市田子ヶ沢から眺めた萩ノ方山。少し場所をずらすと見えなくなってしまう。⑨

地名に「沢」が付いているのは、もともとは前を流れる綴子川を指していたからだと思われる。同川は萩ノ方山の北東麓に源を発しているので、本節で取上げた二つの田子内と同じように、タッコから流れてくる沢の意ではないか。タッコナイの下半分を日本語にすればタッコザワ（タコガサワ）になることは、いうまでもない。

ただし、萩ノ方山の南側直下から流れ出て、集落のすぐ上《かみ》で綴子川に合する名称不明の小支流があり、元来のタッコナイはこちらを指していた可能性もある。

五万図「鷹巣」内のアイヌ語地名については、すでにモヤ⑧で記した。

秋田県大館市比内町のタッコ馬替沢のあたりから見える名称不明の三角山⑪

⑪秋田県大館市比内町谷地中《やちなか》のタッコ馬替沢は、わたしが訪ねた一五ヵ所のタッコ地名のうちで、もっとも草深い場所であった。

　そこは大館市街の南方一三キロばかり、糸柄《おがら》沢（米代川の支流）の源流近くに位置している。第二次大戦後の一時期、流域で立又鉱山が経営され、小学校もできていたが、いまは一軒の家もなく、人の姿を見かけることもめったにない。

　糸柄沢は、このあたりではほぼ一貫して北流しており、車道の行き止まりのところで東側から馬替沢という細流が流れ込んでいる。五万図によると、タッコ馬替沢は、この五〇〇メートルくらい下流で西側から糸柄沢に合しているらしい。ただし、あまりに小さいためであろう、「タッコ馬替沢」の文字が記されているだけで、水流を示す青い線は描かれていない。実際、糸柄沢東岸の林道に立っても沢が流れていることは確認できないほどである。だが、とにかく沢はあることはあるはずであり、それをもとは単にタッコ沢と呼んでいたのではないか。馬替の名は、馬替沢の近くにあることを示すため、しいて付加したのかもしれない。

　山中深くの、水が流れているときでも、おそらくほんのひとまたぎにすぎない沢ともいえない小流れに、アイヌ語の名が付き、それが今日までまがりなりにも伝えられてきたことは、アイヌ人と和人との接触・交流の歴史を考えるうえで、興味深いことといわねばならない。その辺は、のちに改めて詳しく取上げるつもりである。

タッコ馬替沢の源頭、沢口から一キロほど南西に標高五七九・三メートルの、一帯では最高の山が五万図に出ている。名は書かれていないが、これがかつて「タッコ」と呼ばれていた山であろう。そうだとするなら、ここのタッコ（馬替）沢も「タッコから流れてくる沢」を指すと思われる。

現在は名称不明のその山は、沢口から北へ一キロばかりの旧立又鉱山跡の北端あたりからよく見えるが、わりとすっきりした三角山である。いつのころかに、糸柄沢沿いに住んでいたか、この付近を猟場としていたアイヌ人が、同沢西岸にそびえる三角山を聖山として信仰していたと考えて間違いあるまい。

ここを含む五万図「大葛」の部には、アイヌ語地名が少なくない。

- 奥見《おくみ》内《ない》沢
- 大湯《ゆ》津《つ》内《ない》沢と小湯津内沢
- 小《お》猿部《さるべ》川（モヤ⑧に既出）
- 長内《おさない》沢（モヤ⑨に既出）
- 籾内《もみない》沢
- 丹内《たんない》沢
- 休間《やすま》内《ない》沢

・芦内沢《あしない》
・志戸内沢《しとない》
・大堀内沢《ほりない》と小堀内沢
・北秋田市森吉字女木内《おなぎない》と女木内沢

6　雄大な鍋山が見えるところ

③岩手県二戸市浄法寺町田子内沢

は、馬淵川水系安比川の支流、中の沢沿いに位置する山間集落である。民家が集まっているあたりからは周辺の眺望はきかないが、まわりのやや高いところへ行くと、西方に雄大な規模の鍋山が視野いっぱいに広がって見える。六キロばかり離れた稲庭岳《いなにわ》(一〇七八メートル)である。田子内沢一帯のアイヌ人たちは、この山をタッコと呼んでいたのだと思われる。山頂近くには、いま駒形神社が祀られている。おそらく、この名前の社がつくられる前から、稲庭岳は信仰の山であったろう。

田子内沢集落を貫く中の沢は、同山の東麓に発している。これを「タッコから流れてくる沢」の意でタッコナイと称していたのではないか。現行の「沢」が、のちの和人の付加であることはいうまでもない。

なお、集落の北の芦名沢も、南の多々良《たたら》沢も、やはり稲庭岳の麓を源流としている。しかも、両方とも中の沢よりいくぶんか大きい。あるいは元来のタッコナイは、そのどちらかであったか

岩手県二戸市浄法寺町田子内沢の近くから望んだ稲庭岳③

同県一戸町の田子川流域から見える西岳④

もしれない。
五万図「浄法寺」には次のようなアイヌ語地名が分布している。

- 安比《あっぴ》内《ない》沢（安比川の支流）
- 日《ひ》通《つ》内《ない》沢
- 相内《あいない》沢
- 浄法寺町長流《おさる》部《べ》
- 二戸市足沢《たるざわ》字米《よ》内《ない》
- 同市下斗《しもと》米《まい》字鍔内《つばない》
- 青森県三戸郡田子町田子字獅々《しし》内《ない》
- 同町石亀字佐《さ》羽《ば》内《ない》
- 三戸郡三戸町斗《と》内《ない》字斗内沢

④岩手県二戸郡一戸町小繋字東田子、字西田子
は、いろんな点で右の二戸市浄法寺町田子内沢と似ている。

二つの小集落は、いわて銀河鉄道（もとの東北本線）沿いにあって、地内に目立つような三角山、お椀山はなく、遠くの山々も見渡せない。ここから田子川を西へ二―三キロほどさかのぼった流域に小繋字上田子、下田子という、さらに小さな集落があり、そこの少し高いところへ上がると、西方に稲庭岳と似て見える鍋山がそびえ

ている。いちばん近い上田子から三・五キロくらい離れた西岳（一〇一八メートル）である。西岳は独立峰ではないが、この近隣の最高所になる。

田子川は、その南側直下に源を発し、東流して馬淵川水系の小繋川へ合している。すなわち、西岳はかつてはタッコと呼ばれており、そこから流れてくる川が田子川だったのであろう。現在、住居表示上の東田子、西田子、上田子、下田子は、田子川をもとにしてつくられた地名だと考えられる。

東田子、西田子が属する五万図「葛巻」のアイヌ語地名についてはタッコ⑤で紹介ずみだから、ここでは上田子、下田子が含まれる「荒屋」からひろっておく。

- 木谷内《きやない》沢
- 元志内《もとしない》沢
- オロペ沢
- 岩手郡岩手町字尾呂部《おろべ》（右のオロペ沢とは全く別）
- 同町沼宮内《ぬまくない》
- 同町黒内《くろない》
- 二戸市浄法寺町山内《さんない》と山内川

【コラム】③　地名研究の基礎資料

ここで地名研究を試みる者にとって、どうしても欠くことができない最も基礎的な辞典類をいくつか紹介しておきたい。これらは、ちょっとした図書館ならたいてい備えており、何はともあれ目を通しておくべき資料だといえる。本書の執筆に際しても、直接・間接にはかりしれない恩恵をこうむっている。

・『大日本地名辞書』（冨山房）

歴史・地理学者で、能楽研究にも画期的な足跡を残した吉田東伍（一八六四―一九一八年）が足かけ一三年を費やして完成させた、わが国で最初の本格的な地名辞典である。初版刊行から一世紀以上をへた現在も、なお版を重ねつづけている。この一事だけをとっても、内容の充実ぶりがうかがえる。

この辞典は、参考とした文献の原文を丁寧に掲出しているところと、著者の慎重なものの見方に特徴がある。ただし、扱っているのは大地名を中心としているため項目数は約五万四〇〇〇で、戦後に出たほかの辞典類にくらべると少ない。現行の版は全八巻であり、その中には台湾や樺太（現ロシア領サハリン）の分も含まれている。

・『角川日本地名大辞典』（角川書店）

四七都道府県ごとに一巻ずつの構成になっているが、北海道と京都府だけは上下二巻から成っている。一九七八年から九〇年にかけて順次、出版された。項目数は約二五万、各巻にはそれぞれ収録地名が五十音順に並べられており、検索しやすい。

この辞典の特徴は、地名の起源・由来を積極的に取上げている点にある。だから、例えば北海道の地名だと、そのアイヌ語の意味について説明を加えていることが多い。ただ、しばしば荒唐無稽の地名伝承や、近世の文人らによる「ひとりよがり解釈」が説として載せられているので、注意が必要である。

また、本辞典の各巻末尾に掲載されている「小字一覧」は、利用の仕方しだいでは地名研究に資するところが大きい。しかし、惜しまれるのは索引を欠いていることと、新潟、愛知、福岡など七道府県では一覧が全く欠落している点である。

本書では以下、「角川地名辞典」とか「角川辞典」と略す場合もある。さらに、「小字一覧」と記すときは、断りがないかぎり右の一覧のことである。

- 『日本歴史地名大系』（平凡社）

前記『角川日本地名大辞典』よりわずかに遅れ、一九七九年から二〇〇四年にかけて出版された。やはり都道府県別の構成で、それぞれ『岩手県の地名』とか『大阪府の地名』『佐賀県の地名』などの表題を用いている。

通巻タイトルに「歴史」の文字が入っているように、歴史記述が丁寧である。地名は各地域別に配列、五十音順はとっていない。総項目数は約二〇万である。文献の原文引用が多く参考になる。地名の語源・由来については、意識的に避ける方針をとったような印象を受ける。まだ科学の域に達していないと考えたのであろう。以下では「平凡社地名辞典」とか「平凡社辞典」と略すこともある。

「角川辞典」と「平凡社辞典」は現在、わが国の地名辞典を代表する双璧で、どちらが充実しているとか、便利だとかいえるものではない。それは常に併用・対照すべき、両輪のような資料である。

・『新日本地名索引』(アボック社)

国土地理院発行の二万五〇〇〇分の一地形図、全四三四三面に載るすべての地名を抽出、五十音順に並べた地名索引辞典である。総項目数約三八万で、そのまま所在地を確認できる地名索引としては現在、最多であろう。

これは植物分類学者、金井弘夫氏が植物分布図作製のための資料として独力で編集、一九九三年に出版された恐るべき労作である。当然ながら右の地形図に載っていない地名は含まれておらず、地名についての説明もいっさいない。しかし、どこにどんな地名が存在するのか簡単に調べることができ、本書のような目的には必須の資料だといえる。

ただ、この本には注意が必要な欠点がある。まことに無理もないことだと思うが、地名の読みを誤っている例が珍しくないところである。「山内」がヤマウチかサンナイか、「堀内」がホリウチかホリナイかなどを知るのは、ときにとても厄介な作業であり、わたしなども地名の正確な読みを知るのに、しばしば多大な労力を強いられている。それを確かめるためだけに現地を訪れたことも一再ならずあった。

以上のほか地名辞典ではないが、

- 『日本国語大辞典』（第二版の刊行終了は二〇〇二年、小学館）
- 『国史大辞典』（一九九七年に刊行終了、吉川弘文館）
- 『日本民俗大辞典』（二〇〇〇年、吉川弘文館）

なども、調査に役立つことが少なくない。

第四章　タッコには似た音の地名が珍しくない

1　北海道のタプコプ

東北地方北部のモヤがアイヌ語のモイワと同源の言葉であったように、前章で取上げたタッコはアイヌ語のタプコプ tapkop が変化した言葉であることは、まず疑いがない。

周知のように、日本語は典型的な開音節系の言語で、あらゆる単語のみならず、いちいちの音節までが母音で終わる。いまでこそ、「ありません」などの最後の「ん」音は子音に近い発音をしているが、さして遠くないころまで「ぬ」と母音を付加していた。

そういう言語には当然、子音だけを表記する文字が存在しない。例えば、英語のヒット hit（打つ）の最後のtは、toを表す文字「ト」で書くことになる。そうして、これを発音するとき多くの日本人は hitto と原語にはない母音を加えている。アイヌ語のタプコプについても同じことがいえ、元来は tapukopu に対応する文字で代用しているのである。

この不自然さを少しでも避けようとしてであろう、山田秀三氏などはタプコプと、子音のpに当たる部分を小さい「ㇷ゚」で書いていた。それは一つの便法ではあるが、これだとヒットのトも小さくした方が統一がとれるはずである。それに何より小さい「ㇷ゚」は、われわれの文字生活になじんでいない。さらに、本書は音韻の細部にはできるだけ立入らず、言葉の現実のありようを考える方針をとっている。そんなわけで、以下では tapkop はタプコプと表記していくことにしたい。そのほかの同種の例に対しても同様である。

アイヌ語「タプコプ」の原義は、いま一つ把握しがたい。知里真志保氏の『地名アイヌ語小辞典』では、

①離れてぽつんと立っている円山、孤山、孤峰

②尾根の先にたんこぶのように高まっている所

と説明されている。知里氏は、しばしばアイヌ語を可能なかぎり分割して、その一つ一つの語義から全体の原意をさぐろうとする傾向があった。しかし、タプコプについては、そのような試みはしていない。これ以上の分割は難しいと考えていたのではないか。

一方、山田秀三氏はタプコプを次のようなものだと理解していた（『東北・アイヌ語地名の研究』一六一ページ以下）。

「多くはポコンと盛り上がったような円頂の独立丘であるが、尾根の先が少しふくらんで盛り上がっているようなタㇷ゚コㇷ゚も少くない。小さい美しい丘もあるが、ずいぶん大きい円頂の山でもタㇷ゚コㇷ゚だった。

ＪＲ函館本線深川駅を東行して出たばかりの左側に大きい円頂山が見える。あれがニウシ

ペッ・タプコプ（ニウシペッの川上のタプコプ）で、今は終りの処だけを取ってコップ山と呼んでいる。昔知里さんやアイヌの古老と歩いていた時にその話をしたら、知里さんがあんな大きい山はタプコプじゃないと云う。アイヌ古老が笑い出してニウシタプコプですよと語った」

知里氏がタプコプを小さな丘に限定していたらしい点を別にすると、二人の解釈は大筋で一致していたといってよいだろう。

先に示した東北地方北部のタッコ地名のリストの中では、

①青森県田子《たっこ》町田子の旧田子城跡

⑤岩手県葛巻町田子《たっこ》の「八幡様の山」

⑫秋田県三種町達子《たっこ》の男達子《おだっこ》と女達子《めだっこ》

などは、二人の定義にぴったり当てはまっている。

さらに、円頂丘ではなく三角山にまで対象を広げると、

⑥岩手県岩泉町小本の龍甲岩《たっこ》（岩の島だが、一種の山でもある）

⑩秋田県大館市比内町達子の達子森

⑬同県仙北市田沢湖潟の田子《たっこ》ノ木《き》から見た靄森山《もやもり》

⑭同県東成瀬村田子内《たごない》の薬師岳

⑮宮城県大衡村大瓜字達居《たっこ》の達居森

なども、二人が想定していたタプコプによく合致している。

だが、そのほかの事例、とくにはるかかなたの壮大な三角山やお椀山は、彼らが考えていた

タプコプの範囲からは外れるように思われる。「遥拝所」といった理解の仕方は知里氏はむろん、山田氏の視野にも入っていなかったのであろう。

山田氏は前掲書で、

・北海道釧路郡釧路町達古武《たっこぶ》

について次のように記している。

「今ではただ土地の名としてだけ残っている処も少くないが、その近くを見渡すとたいていタプコプ型の山がある。しかしそんなわけでどれがタプコプなのか分からないこともある。例えば釧路川筋の達古武は今では沼の名。その辺小山がいくつもあり、そのどれかが名のもとらしいが、眺めてもよく分からなかった」

たしかに、釧路湿原につながる「達古武湖」という湖沼はある。ただ、その南岸には達古武と呼ばれる地名も残り、南方の山地から発してここのそばを北流、湖に流入する達古武川なる川もある。わたしは、ここへ行ったことがないので何もいえないが、川筋から遠くを眺めたら、それらしい山が見える可能性はあるかもしれない。

なお、「達古武」という文字表記は、アイヌ語 tapkop の最後の子音pに、原語にはない母音uを付けたものであり、東北北部のタッコ（田子、達子、達古など）は逆に和人の耳になじみのないp音を省略したものである。日本語のような開音節系の言語では、どちらかの方法をとるほかなく、タッコもタッコブ（アイヌ語ではp音とb音を区別しない）も同じ言葉 tapkop に由来すると考えて間違いあるまい。

2 秋田県・田沢湖畔のモヤとタッコ

タプコプに「遥拝所」の意味があるらしいことを、もっとも端的に示しているのは、秋田県仙北市田沢湖潟の靄森山（標高三七三メートル、モヤの⑫）と、山麓の地名の田子ノ木（タッコの⑬）であろう。

靄森山は、日本最深（四二三メートル）の湖として知られる田沢湖の南岸中央で、湖水に面してそびえる三角山である。山名に付く「森」（とくに東北地方では、しばしば山を意味する）も、「山」も後世の和人の付加で、もとは単に「モヤ」あるいは「モイワ」と呼んでいたと思われる。

南麓の大字を潟《かた》といい、現在そこには二つの集落が存在し、東側を田子ノ木、西側を大沢と称している。潟、田子ノ木、大沢のいまのような区分は、たぶんに行政上の便宜によるもので、ずっと昔からそうだったわけではあるまい。だが、とにかくタッコの名が付く地名が靄森山を近々と望む場所に残っている事実は揺るがない。すなわち、ここでモヤとタッコが分かちがたく結びついていることになる。

この関係はモヤを「ふるさとの聖山」、タッコをその「遥拝所」と考えれば、よく理解できる。田子ノ木の「キ」が何を意味するのか正確には不明ながら、一つの解釈は前に記しておいた。すなわち、キとは遥拝所を囲んでいた一種の「柵《さく》」ではなかったかとの推測である。その当否は結局、決することはできず、また本書の目的からいっても、それは必要ではない。

岩手県一関市に一九五四年まで存在した達古袋《たっこだい》の地名も、タッコを遥拝所とみなしたとき初め

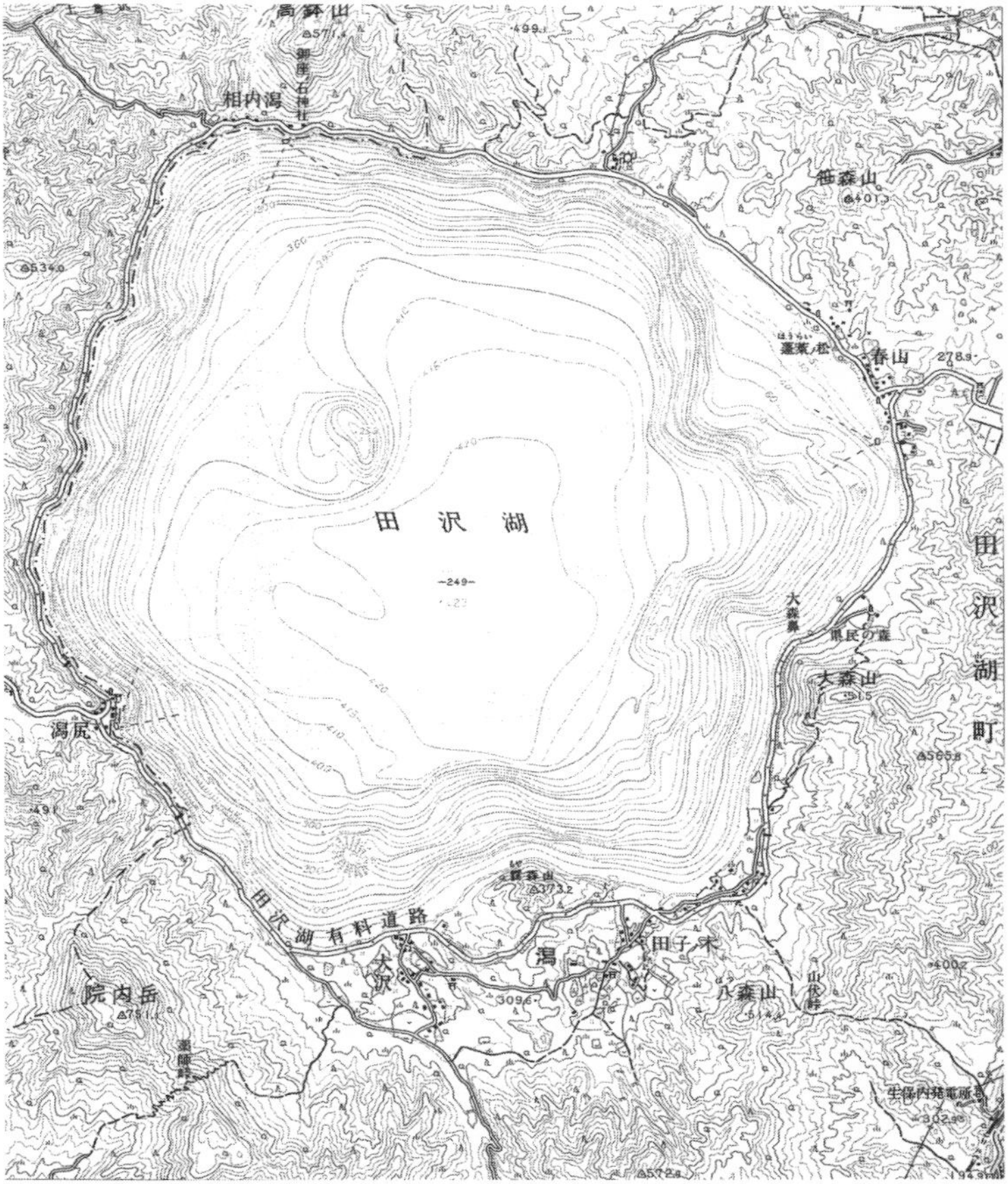

田沢湖の南岸で靄森山と田子ノ木が至近距離に並んでいる。国土地理院５万分の１地形図「田沢湖」より。モヤの⑫、タッコの⑬

て、その由来がよくわかる。

タッコの⑧で紹介したように、地内には三角山やお椀山はないと、地元の事情に通じた住民は話している。わたしも、「東西で一〇キロに及ぶ」という旧達古袋村を車で走ってみたが、それらしい山は見つけられなかった。ところが、現一関市萩荘字広面《ひろおもて》のごく狭い一角だけから、西方はるかかなたに栗駒山の三角形の山容を荘厳なシルエットのように望めるのである。そこから少しずれると、もう三角山は全く見えない。そこは、まことに遥拝所の名にふさわしい場所だといえる。

かつて、この一帯に住んでいたアイヌ人は、その一点を指して「タッコ」と呼んでいたのではないか。のちの地名に付いているダイ（清音ならタイ）は、おそらく日本語で、東北地方にはことに多い平坦地を意味するタイ（一般には「平《たい》」または「岱《たい》」の文字を宛てる）という地形語の可能性が高い。実際、広面の人家が集まった、そのあたりは台地上の高原の中の小平地になっている。卑見では、ここが達古袋なる地名の発祥地で、その後は非常に広い範囲を含む地名になって二〇世紀に及んだと考えられる。

岩手県山田町織笠字田子ノ木（タッコの⑦）なども、「遥拝所」という見方に立ったとき初めて地名の起源を説明できるような気がする。達古袋にも山田町の田子ノ木にも近くには、これまでに取上げてきた聖山の条件を満たす山はないようである。代わりに、はるか離れた堂々たる三角山を、ほんのかぎられた地点からのみ眺めることができる。対象を壮大なお椀山まで広げると、既述の一五ヵ所のタッコ地名のうち、半分ほどが遥拝所に当たるといっても過言ではない。

話は変わるが、富士山（三七七六メートル）は、いつとも知れない時代から、それを望める場所で暮らす人びとの信仰をあつめてきた。日本のほかのどんな山とくらべても格段に高く、その姿もきわだって秀麗である。こんな山が聖山にならないことなど、ありえない。富士山が見える地域には富士見とか富士見台、富士見ヶ丘、富士見野、富士見坂、富士見橋といった地名が、やたらにある。みな日本一の霊峰を眺められる、ありがたいところという意を込めての名であろう。一種の遥拝所だといえる。

江戸時代には、「富士塚」という人工または自然に人工を加えた築山が、とくに関東地方や中部地方の各地で盛んに造られた。その数がどれくらいになるのか、わたしは知らないが、少なくとも数百は下るまい。高さは、おおむね一〇メートル以下ではないか。純然たる土盛りの小山のほかに、自然の小隆起や古墳などの上に土石を足したものが多いようである。しばしば富士山から持ち帰った溶岩片などを築山の要所に置いて、超小型の富士山として信仰の対象とするとともに、しかるべき折りには上に登って富士山を眺め、また礼拝したのである。

千葉県野田市尾崎の富士塚。高さは２メートルほどしかない。

近場の三角形やお椀型の山に「富士山」の名を付けている例も、ときに見られる。それは、いわゆる「郷土富士」とは違う。郷土富士とは、わたしの理解では、

・北海道の後方羊蹄山《しりべし》（一八九八メートル、蝦夷富士）
・香川県の飯野山《いいのやま》（四二二メートル、讃岐富士）

・鹿児島県の開聞岳《かいもんだけ》（九二四メートル、薩摩富士）

などのように、その地方の人間ならみな知っている、それなりに高く、大きな三角山であり、「〇〇富士」は別称にすぎず、本来の名がちゃんとある。

ところが、例えば、

・茨城県石岡市柿岡の富士山

は標高わずか一五二メートル、本書の分類では鍋山に入る。「柿岡富士」などと呼ばれることもないわけではないらしいが、これは誇大な表現というほかない。頂上に、ほんものの富士山と縁が深い浅間《せんげん》神社が祀られているところから考えて、そう遠くない時代に富士講（富士信仰の行者、角行《かくぎょう》が江戸初期に始めた信仰運動）などの影響を受けた命名かもしれない。いまは山頂に木が生い茂って見晴らしがきかないが、かつては富士山を遥拝できる場所だったのではないか。

話をもとに戻すと、タッコには明らかに聖山そのものを指す場合もあることは既述のとおりである。アイヌ語 tapkop の原義がそちらの方にあったのか、それとも遥拝所にあったのか、わたしにははっきりしない。しかし、富士塚や柿岡の富士山などの例からみて、一つの言葉で両方を指していたとしても、必ずしも不自然とはいえまい。

本書の立場にとって大事なことは、タッコ（タプコプ）の元来の意味ではなく、それが疑いもなくアイヌ語に由来するという点である。

3　千葉県の田子と静岡県の田子の浦

これまでに述べてきたことによって、東北地方北部の三県と宮城県大衡村に分布する一五ヵ所のタッコ地名がアイヌ語起源であることは、おおかたの了承を得られると思う。

しかし、このタッコには既述のモヤや、後述のオサナイにはない厄介な問題が残っている。それは東北地方の南部より南にも、タコ、タコウ、タゴ、タツゴなどタッコに似た音の地名が少なからず見られるという事実である。もし、それらの一部でもアイヌ語由来が確実だとしたら、わたしが引いたアイヌ語地名の南限線は前提が崩れてしまう。そこで次に、そのような近似地名を取上げることにしたい。

といっても、細かくひろっていけば、おそらく数百以上にのぼる似た音の地名の全部について、だれもが首肯できるような証拠を示すことなどできるものではない。「ない」ことを証明するのは、「ある」という証明にくらべて著しく困難であり、完璧を期しがたいことは前にも記したとおりである。結局、いくつかの代表例をえらんで卑見を述べることしかできず、あとは「いや違う。これはアイヌ語だ」と考える方がいれば、その指摘を待つほかないことになる。

話が机上の抽象論になるのを避けるため、まず具体的な地名から取上げたい。

・千葉県安房郡鋸南《きょなん》町下佐久間字田子《たこ》

は、一五ヵ所のタッコ地名の一部と同じ文字を用いている。発音もタコで、やはり何ヵ所かと共通である。

しかも、そこは台地の先端部分に位置しており、資料によれば富士山が真正面に見えるらしい。鋸南町の公式サイトによると、現千葉県鴨川市生まれの国学者、山口志道（一七六五—一八四二

年）などは、『万葉集』巻三に載る山部赤人の、

田子の浦ゆ　うち出でて見れば　真白にそ
富士の高嶺に　雪は降りける

（原文の表記では田子の浦は「田兒《たご》の浦」、富士は「不盡《ふじ》」）の「田子の浦」は現静岡県のそれのことではなく、ここを指したものだと書き残しているという。この説が成り立たないことは、この歌の前に見える赤人自身の長歌《ちょうか》の内容から明らかだが、とにかく富士の眺めは抜群なのであろう。

令和元年十二月上旬、わたしは田子台《たこだい》とも呼ばれる台地先端の形を確かめたくて現地を訪れた。もし、そこが三角形か、「たんこぶのように高まって」（知里真志保氏の表現）いれば、北海道や東北北部のタプコプ（タッコ）と由来を同じくする可能性がないともいいきれないからである。

千葉県鋸南町の田子台を南方から望む。べったりとした感じの目立たない丘である。

浦賀水道に面した勝山漁港から東へ一・五キロほどの田子は、東から西へ向かって延びてきた台地の端の山腹と山麓に民家が点在する集落の地名である。その平坦な上部は標高が八〇メートルたらず、見晴らしのよい一角に、縄文前期から弥生後期にかけての田子台遺跡が残っている。

田子台は少し離れたところから眺めてみるとよくわかるが、何の変哲もない丘で、むしろもっとも目立たない山容の部類に入ると思

う。その形は、一五ヵ所のタッコのどれにも似ていない。しかも、この一帯には、わりときれいな三角山が珍しくないのである。一・五キロばかり北西の浅間山（一六三メートル）もその一つで、三角に近い形や高さは田子などよりずっとタッコにふさわしいといえる。田子から五―六キロくらいまで範囲を広げると、さらに典型的な三角山がいくつか目につく。要するに、ここは「ふるさとの聖山」の要件をそなえているとは、わたしには思えなかった。

それでは、はるか遠くの聖山の遥拝所だったのだろうか。ここからは、たしかに富士山を海のかなたに望むことができる。だから、富士山の遥拝所だとこじつけられないことはない。だが、そのような場所はこの近辺にはいくらでもある。その点では、例えば岩手県一関市の達古袋や秋田県北秋田市綴子《つづれこ》の田子《たこ》ヶ沢《さわ》などとは全く違っている。もし、富士山を遥拝できるところに「タッコ」の名が付いていたとすれば、関東や中部地方にそのような地名が、もっとたくさんなければならないはずである。

こういえば、「では、静岡県の田子の浦はどうか」と考える人が当然いるだろう。

田子《たご》の浦が、きわめて古い時代から富士山の秀麗な姿を眺望できる景勝の地として知られていたことは、八世紀に成立した『万葉集』の山部赤人らの歌によって明らかである。

田子の浦は現在では、静岡県富士市の駿河湾（太平洋）に面した海岸や、その一角に切れ込んだ田子の浦港のあたりを指している。そこには富士市田子という地名もある。どれも富士川の東側に当たる。しかし、古代の田子の浦は、『万葉集』によるかぎり富士川より西、現静岡市清水区蒲原《かんばら》（旧庵原《いはら》郡蒲原町）から同区由比《ゆい》（同由比町）にかけての、かなり広い地域の呼称だったことが確実である。それが時代の経過とともに東へ移ったか、あるいはもともと富士川の東側も田子の浦に含まれていたのかもしれない。とにかく、いつのまにか東側だけが田子の浦と呼ばれるようになったのである。

いずれであれ、田子の浦は八世紀の当時すでに広域地名になっていた。このような場合、地名の発祥地を特定できれば別だが、そうでないとその起源や由来はわからないことが多い。どこで何を観察したらよいか、決められないからである。仮に無理やり解釈を試みたところで、せいぜい地内のどこかにそれらしい場所があるだけで、別のところにはまるで当てはまらないことになる。武蔵とか甲斐、尾張、土佐、薩摩など旧国名の大部分もこれで、語源をめぐってさまざまな説が出されているが、信頼に値するものはまずない。

田子の浦についても同じことで、いったいこの地名が何を意味しているのか結局、不明というしかない。

4 「竹生」と書く地名のこと

タコ、タゴ、タコウなどの音をもつ地名は各地に珍しくないが、その語源は、おそらく一つではあるまい。ここでは、そのうちの「竹生」と書く場合を取上げて、右の地名の一部について由来をさぐることを試みてみたい。

- 秋田県能代市竹生《たこう》字竹生
- 福井県福井市竹生《たこお》町

・香川県小豆郡《しょうずぐん》小豆島町西村字竹生《たこ》

に振っておいたルビは、五万分の一地形図にしたがったものである。しかし、資料によっては例えば香川県の竹生はタコウともタコオともなっている。実際、タコウとタコオとを聞き分けることは難しく、タコとタコウもかぎりなく同音に近い。要するに、みな同じ音の地名だといってよいだろう。

もし、三ヵ所に用いられている漢字が適切であるとすれば、これらの地名の起源ははっきりしている。「竹が生い茂っているところ」の意である。

「ふ」とは、「何らかの植物が多く生えている」または「ある種の無機物を産する」の意で、しばしば「う」と発音される。「私は」を「わたしわ」と言うように、ハ行音をワ行の音と同様に発音することは日本語に広く見られる現象で、ハ行転呼音と呼ぶ。

各地に少なからず存在する「菅生《すごう》」の地名は、「スゲがたくさん生えている場所」を指している。現在では、その面影もないという場合も多いだろうが、

・茨城県常総市菅生町《すがおまち》の菅生沼

など、いまもスゲの密生地である。ただし、各地のスゲがすべて植物分類学上、同種の植物を指すとはかぎらない。「難波の葦《あし》は伊勢の浜荻《はまおぎ》」の言葉があるように、同じ植物であっても地方によって呼称が異なり、また別の植物を同一の名で呼ぶことが少なくないからである。

トチなら「栃生《とちう》」であり、ワラビなら「蕨生《わらびう》」、ハニ（赤土のこと。土器などの原料にする）なら「埴生《はにう》」である。栃生には「途中《とちゅう》」、埴生には「羽生《はにゅう》」などの文字を宛てることも多い。

三ヵ所の地名がいつでき、それに「竹生」の漢字がいつから宛てられているかわからない。だが、竹生と書いたころタコとかタコウとは言っていなかったろう。そういう音に竹生の文字は不自然だからである。当時はタケフ（タケウ）に近い呼び方をしていたのではないか。それが年月をへるあいだにタコ、タコウへ変化していった可能性が高い。

「角川辞典」によると、福井県竹生町には竹生山（五七メートル）と名づけられた山が存在し、竹林があるという。また、前節で紹介した千葉県鋸南町の田子台も、竹林が発達した丘である。

お断りしておきたいが、わたしは、だからこれらの地名の起源は「竹が生い茂っているところ」だといいたいのではない。タコ、タコウの中には、そのような由来の地名が含まれていておかしくないと考えているだけのことである。

千葉県鋸南町田子の竹の密生地

5 「田子内」について

本書のタッコのリストに見える一五ヵ所のうち、
②岩手県久慈市大川目町田子内《たっこない》
③同県二戸市浄法寺町田子内《たこない》沢
⑭秋田県雄勝郡東成瀬町田子内《たごない》
の三ヵ所は、いま「田子内」の漢字を用いている。わたしのいうアイヌ語地名の南限線より南にも、全く同じ表記の地名がないわけではない。気づいた範囲では、

・福島県いわき市遠野町入遠野字田子内《たごうち》
・茨城県常陸大宮市田子内《たごうち》町
・同県かすみがうら市安食《あんじき》字田子内《たごうち》

などがある。

ルビを振っておいたように、その音はみな「タゴウチ」であって「タゴナイ」ではない。これだけでもアイヌ語といいがたいことは明らかだが、念のため、この地名が何を意味するのか卑見を述べておきたい。

まず、かすみがうら市の田子内である。ここは霞ヶ浦の北部へ流れ込む菱木川沿いに位置している。菱木川の両岸には水田が広がっていて、その用水は同川から得ていた。つまり、この川は典型的な「田川」だといえる。田川とは水田のあいだを流れる川のことで、農業用水の供給源を意識した呼び名である。

茨城県かすみがうら市田子内の菱木川。水路のように改修されている。

「うち」は、「そのそば」を指しているのではないか。そうだとすれば、西日本にことに多い「川内《かわうち》」「河内《かわち》」(訛ってコウチ、カチなどともなり、高知、高地、耕地などの文字を宛てたりする)の「内」にひとしいことになる。ただし、「内」は関東北部や東北南部では、しばしば「集落」「村」を意味することがあり、それの可能性もある。

常陸大宮市の田子内も、玉川（久慈川の支流）や、その氾濫原に面した水田地帯の地名であり、「田川のそば」または「田川集落」と解することができるように思われる。文字は違うが、

・茨城県筑西《ちくせい》市布川《ぬのがわ》の田河内《たごうち》（いま住居表示には使われていないが、五万分の一図には載っている）

・新潟県五泉市小面谷《こづらだに》字田川内《たこうじ》

・静岡県浜松市天竜区春野町田河内《たごうち》

なども、ほぼ同義の地名ではないか。

いわき市遠野町の田子内については、もう少し詳しい説明がいるかもしれない。ここは金田一京助氏がアイヌ語地名帯に入るとしていた白河の関より北に位置しているうえ、柳田國男が岩手県遠野市を舞台にした説話集『遠野物語』の冒頭で、

「遠野郷のトーはもとアイヌ語の湖といふ語に出でたるなるべし」

と述べているからである。

柳田はもちろん、岩手県の遠野のことを言ったのであって、福島県の遠野の話ではない。しかし、両地はともに東北地方に属し、発音も同じであり、どこの地名だろうとアイヌ語で解釈したがる人たちには、飛びつきたくなる事例であろう。

だが、日本民俗学の創始者であり、また日本地名学の創始者だともいえる柳田の、この指摘に関しては大きな疑問が残る。まず、柳田の説は、

「伝へ言ふ、遠野郷の地大昔はすべて一円の湖水なりしに、其水猿ヶ石川と為りて人界に流れ出でしより、自然に此《かく》の如き邑落をなせしなりと」

と、いわば伝説をもとにしているのである。さらに、アイヌ語（トー）と日本語（ノ）を組み合わせた、金田一氏のいわゆる「半訳地名」であることも、ただちにアイヌ語由来とすることに、ためらいを覚えさせる一因かもしれない。

平安時代、現岩手県奥州市水沢の胆沢《いさわ》城（対蝦夷用に築かれた城柵）より北方を指すと考えられる「遠胆沢《とおいさわ》」という広域地名があった。「奥の胆沢」の意だと思われる。「角川辞典」によると、それと同じように遠野は「遠閉伊《とおへい》の野」に由来するとしている。閉伊は岩手県東部一帯の汎称で、資料上の初見は『続日本紀』霊亀元年（七一五）十月二十九日条と古い。とにかく、同辞典の筆者は右の「閉伊」の部分が省略されて、遠野となったとしているようである。わたしは、ここの遠野は閉伊とは関係がなく、「遠」とは単に「遠い」「奥の」「向こうの」といったほどの意味の可能性もあると思う。

- 埼玉県北葛飾郡杉戸町遠野
- 熊本県下益城郡美里町遠野

などはそれで、少なくともアイヌ語ではあるまい。

話をいわき市遠野町の田子内に戻すと、ここは入遠野《いりとおの》川に面した小集落であり、このあたりの同川両岸には山間地にしては水田がよく発達している。すなわち、入遠野川はこの谷沿いにおいて、人が「田川」と呼んでおかしくない川である。

なお、遠野町は昭和三十年（一九五五）、入遠野村と上《かみ》遠野村が合併してできた自治体で、入遠野は「遠野の入り口」、上遠野は「遠野の上流、奥」を指している。

6 「タッゴ」はアイヌ語といえるか

山田秀三氏は、既述のように「アイヌ語地名の濃い南限線」を、「東は仙台のすぐ北の平野の辺、西は秋田山形県境の辺」に引いていた（『東北・アイヌ語地名の研究』四ページ）。卑見は細部はともかく、大筋としてはこれとほとんど同じである。

ところが、山田氏は研究生活の後半において、その線をだんだん南へ下げていく傾向を示すことになる。東北の南部から関東の北部にも、アイヌ語地名が存在する可能性をさぐる作業を始めるのである。ただし、きわめて慎重な研究者だったから、ほとんど常に断定は避けていた。ここでは、山田氏が東北北部の「タッコ」に当たるかもしれないとした「タツゴ山」の場合を取上げて、その適否を考えてみたい。

氏が問題にしたタツゴ山は次の三つであった（前掲書一六九ページ以下。詳しい地名表記に変えてある）。

- 福島県福島市立子山《たつごやま》（地名）
- 同県伊達郡川俣町山木屋と二本松市田沢の境の辰子山《たつごやま》（七二二メートル）
- 茨城県高萩市下手綱の龍子山《たつごやま》（平山城の跡、五七メートル）

このほか二番目の近くに、

・福島県田村市船引町横道と双葉郡葛尾《かつらお》村上野川の境の竜子山《たつごやま》（九二一メートル）があるので、これにも合わせて言及したい。

山田氏は二本松の知人の家に一泊した際、地図を眺めていて福島県の二つのタツゴ山（右の一番目と二番目＝引用者）に気づく。これは例のタッコではないかと思い翌日、土地のタクシーを頼んで出かけたのだった。

初めの立子山は、「二本松と福島市街との中ほどの処で阿武隈川を対岸（東）に渡った処だった。少し分りにくい場所だが土地のタクシーなので山の下まで連れて行ってくれた。見ると美しい三角山である」ことが確認できたとしている。

しかし、山田氏のこの観察には大きな誤解があった可能性が高い。立子山は一帯の地名であって、わたしは古くからの何人かの住民に訊いたが、そのような名の山があることは知らなかった。五万図にも載っていない。山田氏は、おそらく隣接する飯野町青木の千貫森《せんがんもり》（四六二メートル）を「立子山」だと誤認したのではないか。

千貫森は三角山に近い山容で、どちらから見ても非常にきれいな形をしている。それゆえであろう、近ごろでは「UFOの基地」などといった新伝説も生まれ、山麓には「飯野UFOふれあい館」という公共施設もできているほどである。

千貫森が「美しい三角山」であることは、土地のタクシー運転手なら当然、知っていたはずである。山田氏はタクシーに乗るとき、「立子山で三角形か円頂形の山がありませんか」と訊いたろう。それが一種の誘導になったのではなかったか。

高萩市の龍子山については、「遠望した時には何のことだか分からなかったが、近くにより、また（五万図で＝引用者）調べて見ると立派な独立円丘」だったとされている。

しかしながら、この記述には問題があるというほかない。山がどう見えるかは、たぶんに主観によるだろうが、少なくともわたしの目には、どうしてもそうは映らなかった。ここは龍子城（松岡城）と呼ばれる城山である。城山にしては著しく低く、険阻でもない。それは山田氏が紹介し、またわたしが見てきた東北北部のタッコとはほど遠い形の丘であった。むしろ、これくらいタッコにふさわしくない山も珍しいのではないかと、わたしには思えた。

一方、福島県田村市・葛尾村境の竜子山と、同県二本松市・川俣町境の辰子山には、一部のモヤおよびタッコと共通するところがある。

茨城県高萩市の龍子山。どう見ても独立円丘とはいいがたい。

竜子山は、この一帯では高い部類に入り、独立峰に近い。山容は鍋山で、どちらの方角から見ても形がよい。「葛尾富士」と呼ぶこともあるらしいが、これは少し大げさではないか。山腹に大岩があって、そのそばに竜子姫神社が祀られているという。信仰の山であったことがわかる。

これらは、モヤ④の岩手県軽米町の靄岳《もやだけ》、同⑤の同県一戸町の茂《も》谷《や》、同⑦の秋田県藤里町の茂谷《もや》山およびタッコ③の岩手県浄法寺町田子内沢から望んだ稲庭岳、同④の同県一戸町上田子、下田子から見た西岳などにかなり似ている。

福島県田村市・葛尾村境の竜子山

同県二本松市・川俣町境の辰子山

辰子山についても、ほぼ同じことがいえる。この二つの山は南北（辰子山が北）にわずかに八キロほどしか離れていない。「タツゴ」は同義の命名であった可能性が高いのではないか。

となると、先の立子山（地名）や龍子城址はともかく、二つの独立峰に近い鍋山は、東北北部のタッコと同じようにアイヌ語に由来するのではないかと考える人がいても不思議ではない。しかし、それはおそらく当たっていないと思う。

理由としては、まずタッコとタツゴの音の違いがある。東北北部の一五ヵ所のタッコで、タッコと発音している例は一つもない。そのような転訛は絶対に起きないとはいえないが、その距離はやや遠いような気がする。それに、この近隣にアイヌ語とおぼしき地名が見当たらないのも不審である。それではタツゴとは何を指しているのだろうか。

竜（リュウ、たつ）は、蛇と並んで水や雨をつかさどる神の象徴、化身と考えられてきた。タツゴは竜神の子である。ヤハタ（八幡）における若宮、熊野における王子がそうであるように、子神《こがみ》は親神《おやがみ》にくらべて一般に、ご利益もたたりも激しいとされている。それを祀ったところがタツゴ山ではなかったか。周辺の住民が、そこに何を祈ったかといえば、干天の折りの雨であったろう。二つのタツゴ山が含まれる阿武隈山地の麓は旱害をこうむりやすい土地だったらしく、鎌倉岳（九六七メートル）の南麓には「雨乞平《あまごだいら》」の地名も残っている。鎌倉岳は竜子山から南へ四キロくらいしか離れていない。

平凡社の『山口県の地名』によると、山口県美祢市美東町絵堂《えどう》には「雨乞の祈願をした竜子岳の竜の子塚」があったという。竜子岳は現在の地形図には見えないが、タツゴの語と雨乞いが直結している例が、少なくとも一つはあることになる。

右に挙げた四ヵ所のタツゴ地名も、「竜神の子を祀ったところ」と解釈することができ、そうすれば必ずしも形のよい独立峰ばかりでなくても不自然ではない。要するに、タツゴは日本語で十分に理解しうる言葉であり、これをしいてアイヌ語だとするためには、もっと説得力のある証拠がいるのではないか。

【コラム】④　山容は見る角度によって一変する

静岡県側の例えば富士市あたりから望む富士山が、まことにみごとな独立三角峰であるのに対し、反対側の山梨県の一部からは、ずっといびつに見えることは周知のとおりである。富士山でさえそんな具合だから、どの方角から眺めても三角形だといえるような山など、めったにあるものではない。

30キロほど南東から見た筑波山

8キロほど南西から見た筑波山

広大な関東平野の北東部にふいにそびえ立つ筑波山（八七七メートル）は、いつとも知れないころから人びとの信仰の対象になっていた。この山は一般に「双耳峰《そうじほう》」に分類されることが多い。双耳峰とは、二つの頂が相並んでいる山のことである。七〇〇メートルくらいの距離をおいて、ほとんど同じ高さの女体山（八七七メートル）と男体山（八七一メートル）が並立しているところから、そう呼ばれるのであろう。

ただ、筑波山は関東平野の方角から眺めたり、近づいていったりするときは、あまりそういう印象を受けない。男体山ばかりが目立って、本書でいう準三角山に近い感じがする。わずかとはいえ低い方の峰を男体山と称するのも、関東平野に住んでいた人びとの命名だったためかもしれない。

ところが、山の南東方向、霞ヶ浦の北部にかかる霞ヶ浦大橋の付近からだと、ちょっと比類がないほどあざやかな双耳峰の姿をなしている。それは、さながら相並んだ壮大なピラミッドの様相で、たしかに実際の標高どおりに女体山がかすかに高く見える。わたしは、この近辺には何度も行ったことがあり、その折り筑波山も目にしていたはずだが、こんな風景に気づいたのは、本書の取材で山の形に注意をはらうようになってからであった。

これまでに取上げたモヤやタッコで、これは三角山、これはお椀山などと分類したのも、あくまで特定の方角からの観察にもとづいている。つまり、見る位置が変われば、全く違う山容を呈することが少なくない。

例えば、タッコ⑮宮城県大衡村大瓜の達居森（二六三メートル）などは、その典型で、既述のように北ないしは北東側から望んだときにのみ、きれいな三角山に見えるだけである。場所を移すにしたがい山は徐々に、あるいは急速に形が崩れていき、ついにはどれが達居森かわからなくなってしまう。ここら辺のことは、とくに本書のような取材では、注意が必要な点であった。

第五章　オサナイには「川尻が乾いた川」が多い

1　オサナイ地名のリスト

モヤとタッコは山の話だったが、次のオサナイは川、沢についてである。すでに何度も述べたとおり、「ナイ」はアイヌ語で川、沢を意味している。

オサナイの音をもつ川の名または地名は、北海道を別にすれば東北地方の北部三県と宮城県北部にしかないようである。さらに、これに近似した音の川名、地名が右以外の地域にあることにも、わたしは気づいていない。まず、そのオサナイ地名のリストを記しておきたい。

①青森県南津軽郡大鰐《おおわに》町八幡館《はちまんだて》字長内
②岩手県久慈市長内町
③同県下閉伊郡岩泉町小本《おもと》の長内沢
④同県宮古市田老《たろう》の長内川
⑤同県下閉伊郡山田町豊間根《とよまね》字長内と長内沢

⑥秋田県大館市比内《ひない》町中野字長内沢と長内沢川
⑦同県鹿角市八幡平《はちまんたい》字長内
⑧同県仙北市田沢湖生保内《おぼない》の長内沢
⑨同県大仙市土川《つちかわ》字生内《おさない》
⑩宮城県石巻市北上町女川《おながわ》字 幼《おさない》

一〇ヵ所の「長内」「生内」「幼」は、すべてオサナイと読む。

北海道と東北北部にオサナイ（北海道の場合はオサツナイなど近似の音を含めて）の名が付く川名、地名が多いことには、金田一京助氏も早くから気づいていた。同氏は、その語義について「北奥地名考」（初出は一九三二年）の中で、

- オ・サン・ナイ　o-san-nai　（山の尾の・突き出た・川）
- オ・サル・ナイ　o-sar-nai　（川尾に・草原ある・川）
- オ・サッ・ナイ　o-sat-nai　（尻・乾いた・川）

の三つの可能性があると指摘していた。

オは人間でいえば尻、陰部のことであり、川なら河口、山なら尾根の先端になる。サンは「出る」、サルは「湿原、茂み」、サッは「乾く、水が涸れている」である。

山田秀三氏は、これを受けて何ヵ所もの現地を歩いた結果、三番目のオ・サッ・ナイ（尻・乾いた・川）を採ることになる。「尻・乾いた・川」とは、川や沢の口（尻）あるいは下流部で水が涸れている河川のことである。それが具体的にどんな状態を指すのかは次節以下で説明したい

が、山田氏が数あるオサナイのすべてをこれだと考えていたのかどうか必ずしも明確ではない。ただ、一番目または二番目に当たるとはっきり分類した河川はないようである。

2　岩手県久慈市の長内町と同県岩泉町の長内沢

タッコのときと同じように、リストの順番にとらわれないで紹介していった方がわかりやすいと思う。

②岩手県久慈市長内町

久慈市は、県の北部に位置して太平洋に臨む自治体である。市の中央部を久慈川が東流して、久慈湾へ注いでいる。その河口近くで、右岸（南岸）から長内川が、これに合している。二つの川の合流点から長内川沿いに一・五キロほどさかのぼったところに、支流の小屋畑川の河口がある。つまり、小屋畑《こやはた》川は久慈川の支流の支流になる。

岩手県久慈市長内町の小屋畑川。下流は完全に水が涸れていることが多い。②

平成二十八年（二〇一六）十一月中旬、わたしがここを訪ねた際、小屋畑川の下流一帯、例えば長内保育園の付近には一滴の水も流れていなかった。完全な小石の河原が、むき出しになっていたのだった。わたしはそれまで、こんなにきれいに涸れきった川を見た記憶がなかった。それは、まさしく「川尻が乾いた川」であった。理由が干天つづきのためばかりでないことは、すぐ隣の長内川が水を満々とたたえていたことからも明らかである。

しかし、涸れていたのは小屋畑川であって、「川尻が乾いた川」を意味するはずの長内川ではない。これはいったい、どうしたわけだろうか。その答は地名をやや詳しく見れば、おのずと出てくる。

小屋畑川の下流沿いに上長内の地名があり、その少し下流に中長内がある。ともに長内川沿いではない。下長内は地図のうえでは、むしろ長内川に近いように見えるが、これはもと長内と呼んでいた地名が拡大した結果だと考えられる。現久慈市長内町も小屋畑川に近く、長内川からは遠い。すなわち、本来のオサッナイは小屋畑川の方だったのである。ところが、一帯の土地をオサナイというようになったため、そこを流れる川の意で長内川の名が付いた可能性が高い。

それでは、いまの長内川は古くは何と称していたのだろうか。ポロナイ（大川）であったことは、まず疑いない。そう推測すべき証拠がある。久慈川と長内川の合流点から長内川に沿って五キロばかりさかのぼった右岸（南岸）に、堀内《ほりない》の小地名が残っている。

金田一京助氏の前記「北奥地名考」によると、北海道にはポロナイおよび、それが日本語化してホロナイとなった川名、地名が合わせて三三ヵ所もあるという。東北地方でも、

- 青森県北津軽郡中泊町小泊《こどまり》字袰内《ほろない》と袰内川
- 同県十和田市奥瀬の大幌内《おおほろない》川
- 宮城県大崎市鳴子温泉鬼首《おにこうべ》 字保《ほ》呂《ろ》内《ない》と保呂内沢

の少なくとも三ヵ所が確認できる。さらに、これが訛って「ホリナイ」となったと思われる地名、川名が、

・岩手県下閉伊郡普代《ふだい》村字堀内《ほりない》
・秋田県仙北市角館《かくのだて》町広久内《ひろくない》の堀内《ほりない》沢

など、かれこれ一〇ヵ所くらいもある。

久慈市の長内川は、堀内のあたりでも相当に大きく、ポロナイにふさわしいといえる。

以上を要約すると、いつのころかわからないが、この近隣に住んでいたアイヌ人が、いまの小屋畑川をオサッナイ（川尻が乾いた川）と呼ぶようになる。当時は現長内川は、ポロナイ（大川）であった。のちオサッナイの名は、川沿いの地名にも採用される。さらに時代がたつと、オサッナイの名が近くを流れるポロナイの名にとって代わる。その変化と、小屋畑川への名称変更と、どちらが先だったのかはっきりしない。しかし、とにかく旧オサッナイの流域には長内の、旧ポロナイの川べりには堀内の地名が残って今日に至ったのである。

現久慈市域には、アイヌ語地名が少なくない。ただ、長内町を含む五万図「久慈」の部は、八割以上を海が占めており、ここの地図に載っているアイヌ語地名は長内を別にすると次の二つくらいしか見当たらない。

・岩手県九戸《くのへ》郡洋野《ひろの》町小子内《おこない》
・同町小子内字原子内《はらしない》と原子内川（川のみモヤ④に既出）

③岩手県下閉伊郡岩泉町小本の長内沢

は、オサッナイの見本のような河川である。

長内沢は、岩泉町域を東流して太平洋へ流れ出る小本川の支流で、全長は二キロくらいしかない。この川は下流部では、ふだん全く水が流れていない。久慈の小屋畑川以上の涸れ沢である。国道45号（岩泉道路）と同455号（小本街道）が交差するあたりで、この沢をまたぐ小さな橋がかかっているが、車で走ってもほとんどの人が橋を渡ったことに気づかないのではないか。橋は短く、下は草原になっているからである。

平成二十八年（二〇一六）十一月中旬、橋のわきに住む六〇歳前後とおぼしき男性は次のような話をしてくれた。

「この川はふだんは、いまのように全く水が流れていません。だけど一キロほどさかのぼると、ふつうに水が流れていて、魚も棲んでいますよ。ただ、水は途中から川床の下へもぐるんですよ。そうです、伏流水になるんです。ところが、一度まとまった雨が降れば、たちまち暴れ川に変わります。それで、上流をせきとめて水を小本川へ落とすトンネルができています。トンネルができたから、この辺が涸れたんじゃありません。その前からです」

山田秀三氏は久慈市の長内町も、ここも訪ねている。そうして、右に述べたこととほぼ同趣旨の

岩手県岩泉町小本の長内沢。下流では、ふだん全く水が流れていない。③

話を『東北・アイヌ語地名の研究』などに書き残している。二つとも、絵に描いたようなオ・サッ・ナイであった。

なお、小本の長内沢が載る五万図「岩泉」に見えるアイヌ語地名は、すでにタッコ⑥で紹介ずみである。

3 山田秀三氏の調査を追って

アイヌ語地名の科学的研究に先鞭をつけた山田氏が、東北地方で現地調査をしたオサナイ地名は、前節の二ヵ所のほか本書のリストの④と⑥を加えた合わせて四ヵ所だったようである。次に④、⑥の順で、わたしの調査結果を記しておきたい。

④岩手県宮古市田老の長内川

について、山田氏は、

「雨上がりなのでそこを少し水が流れていたが、天気が続いたら乾上がりそうな川」

と述べていた。

平成二十八年十一月中旬、長内川の河口から五〇〇メートルほど上流にかかる橋（名を確認できない）から下をのぞいたとき、幅三〇メートルはあるかと思われる河川敷の右岸（西岸）寄りを一筋の流れが南へ向かっていた。川幅の割には水量が乏しいが、涸れきっているわけでもない。これをオサッナイといえるかどうか微妙なところだった。少なくとも、久慈市の小屋畑川や岩泉町の長内沢のように文句なしの「川尻が乾いた川」ではなかった。すでに日が落ちて、まわりに人も見当たらず、雨が降ったあとかどうか訊くことはできずに現地を離れた。

わたしがここを再訪したのは、それから三年くらいのちの令和元年十月上旬のことである。前日は宮古市中心部に近い道の駅「みやこ」に停めた車の中で泊まり、未明に田老を目指した。あっという間に着いたが、外はまだ真っ暗だった。やはり道の駅「たろう」で夜明けを待ち、歩いて長内川に向かった。道の駅の裏手（東側）が長内川の河口なのである。川にかかる名称不明の橋から見下ろすと、水が完全に涸れて川床は草ぼうぼうであった。高さ数メートルの木も生えている。ここも名前のとおりオサッナイだったのである。

ところが前回、川を見た二〇〇メートルばかり上流へ行くと、そのときと同じように豊かではないものの、たしかに水が流れている。水が涸れているのは、二つの橋の中間あたりから下流にかぎられていたのである。

散歩中の住民によると、この川も上流は普通に水があって、イワナが棲んでいるということだった。

五万図「田老」の部には、

・宮古市田老字樫内《かしない》
・同市田老字小堀内《こぼりない》
・同市田老字重津部《おもつべ》
・同市崎山字女遊戸《おなっぺ》

のアイヌ語地名が載っている。

⑥秋田県大館市比内町の長内沢（地名）と長内沢川
　について、山田氏は、

「この川は山間を流れている上流ではいつも水があるが、夏になるとそれが平地に出る長内沢部落の辺で水が川床の砂利層に吸い込まれてなくなる由」

と記している。

　令和元年十月中旬、わたしが村で出会った年配の住民二人は次のように話していた（それを文章体になおして書いておく）。

「長内沢（川の方のこと）は水のない沢である。五月ごろまでは雪解け水がどんどん流れてくるが、夏になると全くの涸れ沢になってしまう。それで田んぼの高い側に各農家が井戸小屋を作って、中にポンプを納めてある。六、七、八月は電気で水を汲み上げて田んぼに水を流す。それで

岩手県宮古市田老の長内川。河口付近は枯れ切っていることが多く、そのため草がぼうぼうに生えている。④

秋田県大館市比内町の長内沢川。雪解け水がなくなると、下流は涸れて川床が草で隠れてしまう。⑥

も水が足りないくらいである。だから、この村は、もとは畑ばかりだった。水田ができたのは、戦後になってからだった」

実際、わたしが訪れたとき長内沢川には水が流れておらず、せいぜいで幅数メートルの河川敷は草が繁茂して川床は、ほとんど見えなかった。井戸小屋というのは、畳二枚分くらいの広さの物置きのような建物で、至るところに設置されていた。

ここを含む五万図「大館」のアイヌ語地名は、すでにモヤ⑨に列挙しておいた。

4 「山の尾の突き出た川」

⑦秋田県鹿角《かづの》市八幡平《はちまんたい》字長内

ここは一〇ヵ所のオサナイ地名のうち、わたしが最初に訪ねたところだった。

長内は夜明島《よあけじま》川（米代川の支流）沿いの集落である。わたしは山田秀三氏の知見にしたがって、オサナイとは「川尻が乾いた川」のことだと思い込んでいた。この近隣に「長内」という名の河川はない。だから、わたしは長内の地名は夜明島川によって付いたと考え、長内から二・五キロほど北東の同川の河口へ、まず行った。

しかし、そこでは水は涸れていなかった。下流が伏流しているといった印象も受けない。季節のせいかとも思い、一帯を歩きまわって何人もの住民に訊いたが、みな夜明島川を含めて「川尻が乾いた川」など知らないと答えるのだった。

もし、これが先に取上げた②、③、④、⑥の少なくとも一部でも目にしたあとであったら、別の解釈の可能性を頭に入れて取材をつづけていたろう。わたしは首をかしげつつ、⑧秋田県仙北市田沢湖生保内の長内沢へ向かった。こちらは⑦とは逆に、そういう名の沢だけあって同じ地名はない。

長内沢は玉川（雄物川水系）の支流である。人里離れた山中を流れ、流域には一軒の民家もない。下流部は深い峡谷をなしていて道路からは見えにくいが、水が涸れている様子はなかった。つまり、オサッナイには当てはまりそうにないのである。ここで初めて、わたしは何か食い違いがあるらしいことに気づいた。

持っていた五万図「角館」の部を改めて眺めると、異様な地形が目についたのだった。長内沢の沢口から七、八〇〇メートル玉川を下ったあたりで、玉川がこれ以上はないほど蛇行している。北から流れてきた川がふいに向きを変え、ちょうど陸上競技のトラックを一周するように円をえがいて回ったあと、また南へ流れ下っているのである。その真ん中に楕円形の岬というより、ほとんど島が取り残されたように浮かんでいる。岬は、あと一歩で付け根がちぎれてしまいそうなほど細い。平地であったら、とっくに水がその部分を越していたろう。

地図を見ていて、わたしは、ここの長内はオ・サッ・ナイではなく、オ・サン・ナイ（山の尾の・突き出た・川）ではないかと思いはじめた。玉川の蛇行地点で、山の尾がめったにないような形で「突き出して」いるからである。

この周辺は、いまでも全く道がない。アイヌ人たちは丸木舟で玉川を往来しながら、狩猟や魚捕り、植物性食料の採取をしていたろう。その折り、このような特徴ある地形に注目しなかったはずがない。ごく自然に、この蛇行地点をオサンナイと呼ぶようになり、のちそれがオサナイとなり、しかも最寄りの沢の名に移ったのではないか。

そう考えて、直前に行った⑦の長内の地形図を見なおしてみた。まず気づくのは、ちょうど長内集落のところで北西と南南東から山の尾根が迫り、平地が風船の口のように狭くなっていることである。ここも、「山の尾の突き出た川」といえそうであった。

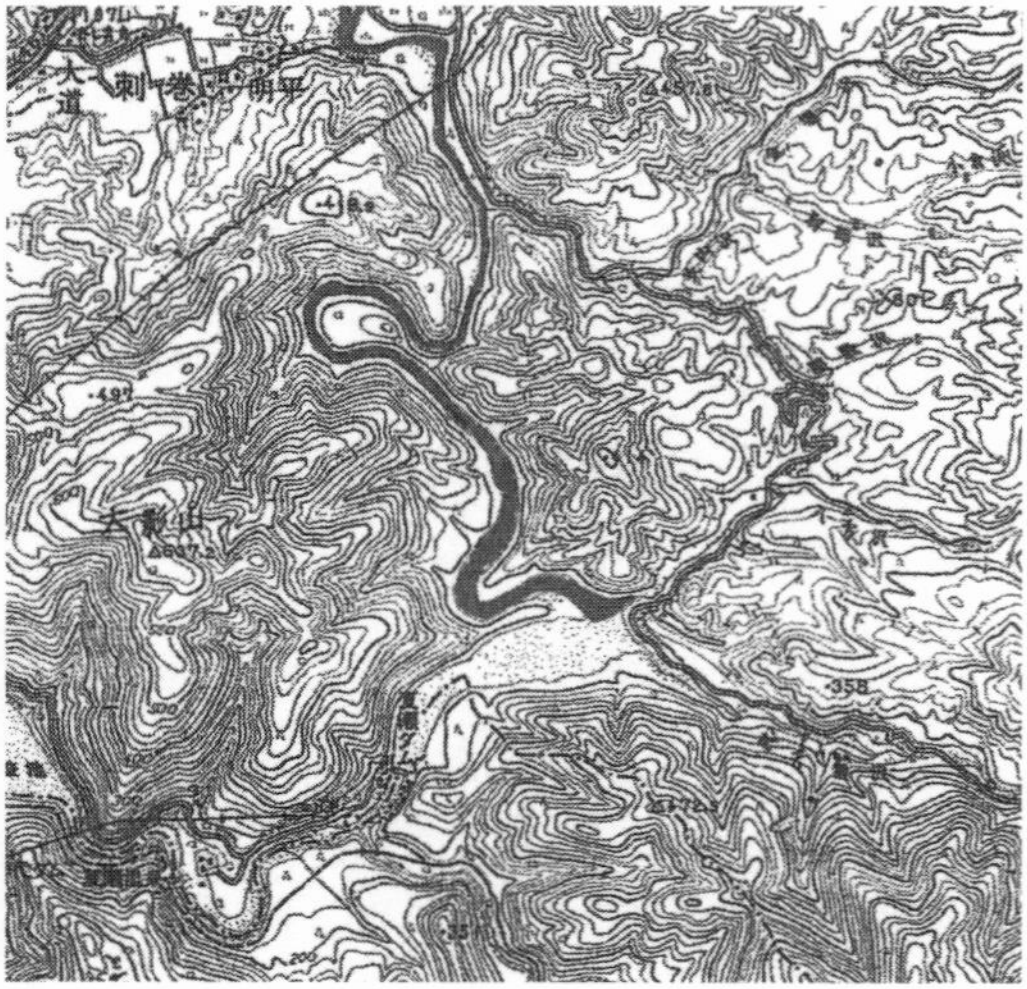

秋田県仙北市田沢湖生保内の長内沢と玉川の蛇行。国土地理院５万分の１図「角館」より。⑧

その辺を確かめたくて、わたしは令和元年十月末、八幡平の長内を再訪した。三年前と同様、夜明島川は水量ゆたかに流れていた。同川は南西の山間から平野に出たあと、ほぼ一貫して水田のあいだを縫っている。すなわち、田川である。ところが、長内集落のところだけは、両側が尾根になっているので田んぼ（平地）がとぎれている。アイヌ人たちは、この地形をオサンナイと呼んでいたのではないか。今日でも、その一点だけが「長内」と称され、その名の川がないことも、右の推測を裏づけているように思われる。

田沢湖生保内の長内沢は五万図「角館」に、

秋田県鹿角市八幡平の長内集落を北方から望む。両側から山の尾根が延びてつながっているように見えるが、実際は真ん中あたりで切れている。⑦

八幡平字長内は「田山」に載っているが、いずれにもアイヌ語地名がなかなか多い。まず「角館」である。

・堀内《ほりない》沢
・小《こ》堀内《ぼりない》沢（右とは全く別）
・入見《いりみ》内《ない》川
・桧木《ひのき》内《ない》沢（モヤ⑫に既出）
・仙北市角館町広久《ひろく》内《ない》と広久内沢
・同市田沢湖岡崎字上院内《かみいんない》、下院内と院内川
・大仙市鑓見《やりみ》内《ない》
・同市太田町斉内《さいない》と斉内川

次は「田山」である。

・浦志《うらし》内《ない》川
・歌内《うたない》川
・穴内《あなない》沢（米代川上流の支流）
・鹿角市八幡平字谷内《たにない》
・同市八幡平字樫内《かしない》と樫内川

・岩手県八幡平市畳部《ほろべ》と畳部沢
・同市佐比内《さひない》

5　青森県大鰐町長内と岩手県山田町長内

オサナイ地名のリスト一〇ヵ所のうち、「山の尾が突き出た川」に分類できるのは右の二ヵ所だけのようである。

①青森県大鰐町八幡館字長内

はオサッナイ（川尻が乾く川）と考えて、まず誤りあるまい。

ここの長内はグーグルやヤフーの地図には出てくるが、五万図には載っていない。地元の住民でも、この地名を知らない人が少なくないほどである。

長内集落の東はずれに八幡館の共同墓地があり、そのすぐ西側を名称不明の小沢が北へ向かって流れている。これが本来のオサッナイだと思われる。沢は墓地の下でもすでにほんの小流れだが、二〇〇メートルばかり下流で消えてしまう。涸れるというより、なくなるのである。ただし、川の跡らしきものはまだあって、ガマなどの草がぼうぼうに生えている。近隣に住んでいたアイヌ人は、これをオサッナイと呼んでいたはずだが、のち川の名は忘れられて、いまは集落名としてかろうじて残っていることになる。

ここを含む五万図「黒石」には次のようなアイヌ語地名が散在している。

・大鰐町三ツ目内《みつめない》と三ツ目内川

青森県大鰐町長内の草ぼうぼうの沢。いまは名前はないが、もとはアイヌ語でオサッナイといっていたと思われる。①

岩手県山田町豊間根の長内沢の沢尻付近。雨が降ったあとで水が流れていた。⑤

・黒石市上目《かみめ》内《ない》沢
・同市下山形字下目内（右の目内とは全く別）
・同市袋字毛内《もうない》
・同市二庄内《にしょうない》
・同市沖浦字厚目《あつめ》内《ない》

⑤岩手県山田町豊間根字長内と長内沢

ここの長内沢は、宮古湾（太平洋）へ注ぐ津軽石川水系豊間根川の支流である。その沢口（豊間根川への合流点）から五〇〇メートルばかり上流に長内橋という、ごく小さな橋がかかっている。

平成二十八年十一月中旬と令和元年十月上旬の二度、わたしはこの橋から長内沢を見下ろした。二度とも水は、ちょろちょろとながら流れていた。乾いてはいなかったのである。本来なら沢沿いに沢口まで下ってみたかったが、両岸は私有地であるうえ、道も付いていていない。それで、豊間根川の対岸へ行って沢口を遠望した。やはり、水は流れているようであった。まわり一帯を見渡しても、突き出した尾根らしき地形は確認できなかった。わたしは話が聞けそうな人がいないかと長内橋から上流へ向かった。二回目に、ここを訪れた折りのことである。橋から五〇〇メートルほどのところで、五〇代とおぼしき男性がヤマメを釣っていた。その男性の話を文章体で記しておく。

「この沢は、長内橋と豊間根川とのあいだが伏流水になっていて、川床は水が涸れていることがよくある。ただ、きのうから今日にかけて、まとまった雨が降ったので、いまは流れている。この辺まで上がってくると、水がなくなることはない」

ここもオサッナイと考えてよいのではないか。わたしは、たまたま水があるときを見たのだろうと思う。

ちなみに、本章の第二節で紹介した岩手県久慈市の小屋畑川も一回目に訪ねた際は、からからに干上がっていたが、二回目には川幅の半分くらいも水にひたされていた。

五万図「宮古」には、ほかに次のようなアイヌ語地名が載っている。

- 山田町豊間根字山内《さんない》
- 宮古市赤前字堀内《ほりない》
- 宮古市近内《ちかない》と近内川

6 「川尻に草原ある川」の例か

⑨秋田県大仙市土川字生内

ここは雄物川水系、心像川《こころやり》沿いの小集落である。

心像川の河口は生内から直線距離でも六キロくらい南西になる。流程では、おそらく一〇キロは離れているだろう。したがって、ここの地名を心像川の「尻」と結びつけることはできない。川尻と関係があるとすれば、集落から五〇〇メートルほど下流で同川に合している名称不明の沢しかないことになる。

この沢は、生内の北方の床畑《ゆかばた》から南流してきて、心像川と落ち合っている。どちらの川も一帯で水が涸れている様子はない。普通に流れているのである。すなわち、ここのオサナイは「川尻が乾いた川」によるとは考えにくい。

秋田県大仙市土川の心像川の流れ。写真の奥が生内集落になる。⑨

かといって、「山の尾の突き出た川」にも見えない。そんな尾根は近くにないのである。となると、金田一京助氏が挙げた三つの可能性のうちの二番目、オ・サル・ナイ（川尾に・草原ある・川）になるのだろうか。

二つの川の合流点付近は、いま水田になっている。いかにも、もとは湿地帯といった感じで、知里真志保氏の定義ではサルには葦原、湿原、沼地の意があるというから、「川尻に草原ある川」としても大きな矛盾はない。しかし、植生は長い年月のあいだに変化することも多いので、「そうかもしれない」という以上のことはいえない。

さらに、この地名には別の問題もある。「生内」と書いて、なぜオサナイと読むのかである。現在、近隣の住民は明確に「オサナイ」と発音している。だが、これはいかにも不自然な読み方の感をいなめない。古くからそうだとしたら、例えば「長内《おさない》」（長は村長《むらおさ》、里長《さとおさ》などのオサで、その読みに無理がない）などのように、もっと適切な宛て字があったのではないか。同じ秋田県に、

・湯沢市皆瀬字生内《おぼない》と生内沢

があるが、こちらは「オボナイ」である。「生」はウブの訓をもつので、宛て字としてはうなずける。それらを考慮すると、土川の生内はもとはオサナイとはいっていなかった可能性もありえる。

結局、ここのオサナイは語義不明としておいた方がよいかもしれない。

五万図「刈和野」には、ほかにアイヌ語とおぼしき地名はないようである。一つだけ、

・秋田市河辺神内《じんない》と神内川

が形のうえではナイ地名のように見えるが、これは人名にもとづいていることも考えられるので、本書ではアイヌ語地名に含めないことにしておきたい。

7　南限のオサナイ

⑩宮城県石巻市北上町女川字《おながわあざ》幼《おさない》

この女川は、すぐ南方の漁港で知られた牡鹿郡女川町とは違う。北上川の河口近くで、左岸（北岸）から合流する大沢川という小さな河川の両岸域を指す地名であり、幼はその支流の一つの上流部に位置する小集落である。五万図など普通の地図には載っていない。ただし、グーグルやヤフーの地図などで検索することはできる。

支流には、いまは名がない。少なくとも、わたしは知っている住民に会えなかった。それほど、ささやかな流れである。

この支流は、はっきりとオサッナイの特徴をもっている。令和元年十月上旬、わたしがここを訪ねたとき小雨が降っていたが、大沢川との落合いから五〇〇メートルほど上流までのあいだ水が全く涸れきっていた。それが、ふだんの状態らしい。幼集落は現在、二〇戸くらいである。そのいちばん奥に住む夫婦（夫は一九六二年の、妻は六七年の生まれ）は、こもごも次のように語っていた（文章体になおしてある）。

宮城県石巻市北上町幼の翁倉（おきなぐら）橋から名称不明の沢を見下ろす。まとまった雨が降らないかぎり、いつも川床がむき出しになっている。ところが、ここから50メートルほど上流へ行くと水は普通に流れている。⑩

「前の沢には、とくに名前はない。この家から一〇〇メートルばかり下流に翁倉橋《おきなぐら》がかかっているが、その少し上から大沢川までは、まとまった雨が降らないかぎり完全に涸れている。ところが、それより上流は、いつも水が流れていて、以前はヤマメがいた。近ごろは、どうしたわけかほとんどいなくなった」

この家のあたりでは、沢は小さいながら普通に水が流れていた。それが翁倉橋の下では川床がむき出しになっている。五〇メートルほど上流で沢の水が地下にもぐっているのである。沢がオサッナイであることに一点の疑いもない。かつて一帯に住んでいたアイヌ人たちは、この沢をその名で呼んでいたのである。しかし、いつの間にか沢の名は忘れられてしまう。そうして、そこに近い集落の名としてのみ残ったのであろう。

北上町の幼はオサナイ地名の最南部になる。いちばん南のタッコ地名の、

・宮城県大衡《おおひら》村大瓜字達居と達居森

より、わずかに北に位置するが、ほぼ南限のアイヌ語であることが確実な地名だといえる。なお、もっと南の、

・宮城県伊具郡丸森町舘矢間《たてやま》字長内《ながうち》

は「ナガウチ」であって「オサナイ」ではない。

幼が載る五万図「登米《とよま》」には、登米をはじめアイヌ語の可能性が高い地名が数ヵ所見えるが、いままでに挙げてきた例にくらべて、やや確実性に疑問が残るので、ここでは掲出をひかえておきたい。

【コラム】⑤　川の名の話

日本最長の信濃川（全長三六七キロ）は、長野・山梨・埼玉三県境にそびえる甲武信《こぶし》ヶ岳（二四七五メートル）の長野側斜面を源流とし、新潟市で日本海へ流入する。信濃川は新潟県域でのみの名であり、上流の長野県域では千曲川と呼ばれている。

やはり新潟市で日本海に注ぐ阿賀野川は、福島・栃木県境の荒海山《あらかい》（一五八一メートル）に発するが、上流部では荒海川、会津盆地に近づくと阿賀川（大川）となり、新潟県に入って阿賀野川と名を変える。

右は現在でも一本の川が複数の名をもつ例だが、たいていの川は一つの名に統一されている。川名の統一は、明治以後に一般化した現象のようである。おそらく、新たに発足した近代国家にとって、一つの川に複数の名があることは統治上、何かと不便だったからではないか。

しかし、それ以前には同じ川に対して三つも四つもの名が付いているのが、むしろ普通であった。地図が普及せず、交通機関も発達しておらず、人びとが気軽に旅行をしなかった時代には、とくに長い川の全体を指す名など必要ではなかった。人びとは、自分が住む前の部分だけを何々川と呼んでいればよかったのである。

そのあたりを千葉県の養老川を例にとって述べてみたい。養老川は房総半島の南部、清澄山《きよすみ》（三七七メートル）の東麓を源流とし、ほぼ一貫して北へ向かって流れたあと市原市五井《ごい》で東京湾へ入る。全長は七五キロほど、中クラスの河川である。

養老川は江戸時代には、しばしば「用呂川《ようろ》」と表記されていた。この名は中世、中流域の現市原市中高根にあった「与宇呂《ようろ》保」なる地名によったことは、まず疑いない。「保《ほ》」は、数ヵ村を合わせたくらいの広さを指す中世の地域単位である。したがって、もとはそのあたりだけを「ヨウロ川」と称していたと思われる。それがのちに縁起のよい「養老」の文字に置きかえられ、いまに至っているのである。

当時はまだ河川名が用呂川に統一されていたわけではなく、大川、高滝川、手綱川、五井川、加茂川、烏宿《うしく》川などとも呼ばれていた。それぞれが、どの時代に、どの範囲を指していたのか正確に特定することは難しい。だが、原則的には地名によったものであり、おおむね地名の所在地と、その近くに対する名称であったろう。ちなみに、烏宿川は今日、(上総)牛久と書いている地域の名からとったものである。

このように川の名を一定の範囲にかぎって付けていたのは、アイヌ語においてもそう変わらなかったらしい。本章第4節で取上げた、「山の尾の突き出た川」を意味すると考えられる、
・秋田県鹿角市八幡平字長内
・同県仙北市田沢湖生保内の長内沢
なども、いま夜明島川、玉川と呼ばれている川の、ほんの一点を指しての命名であったろう。

東北北部には、タンナイ(文字は、だいたい丹内)、タニナイ(谷内)という地名、川名が少なくとも七ヵ所ほどある。これは、アイヌ語のタンネ・ナイ tanne-nai(長い・川)が日本

語化した言葉のようである。タニナイはタンナイに「谷内」の文字を宛てた結果、その読みに引きずられて訛ってしまったのではないかと思われる。

わたしは、この地名の場所は一部しか見ていないが、その語義は単に「長い川」のことではなく、ほかより長い区間（おおむね数キロか、それ以上）で「川が直流しているところ」を指している可能性が高い。つまり、川全体に対する名称とはいえず、川のある部分だけの呼び方らしい。この理解に誤りがないとすれば、利根川の「トネ」はアイヌ語「タンネ」の転訛だとする説は、アイヌ語の分布域の問題を別にしても当たらないことになる。

なお、前記「長内沢」の「サワ」が日本語であることはいうまでもない。この沢がいつ付加されたのかわからないが、ひょっとしたら明治の地図作成時であったかもしれない。つまり、それまではアイヌ語のまま、ただ「オサナイ」といっていたことも十分にありえる。というのは、役所が作った地図には本来、必要がない「川」や「沢」の語が、むやみに付いているからである。流れには必ず川か沢を付けなければならないというのが、明治以来の役所の方針だったようである。

それは現在もつづいていて、秋田県仙北市田沢湖の国道341号にかかる橋には、何と「田沢沢川橋」と書いてあった。形式主義も、ここまでくれば、いくら何でもやりすぎではないか。

第六章　南限線周辺を詳しく調べる

1　アイヌ語地名の特徴と癖

『北海道蝦夷語地名解』という本がある。初版は明治二十四年（一八九一）に北海道庁から出版された。著者の永田方正《ほうせい》（一八三八―一九一一年）は、昌平坂学問所（東京・神田にあった幕府直轄の教学機関。東京大学の母体の一つ）で学んだあと、維新後は北海道へ渡り、函館商船学校、函館師範学校で教壇に立ったりした。遊楽部《ゆうらっぷ》（現在の二海《ふたみ》郡八雲町）でアイヌの教育に従事した時期もあった。

明治十六年に函館県令の委嘱で道内のアイヌ語地名の調査に着手、引きつづき北海道庁長官の命を受け、範囲を広げて完成させたのが前掲書である。

永田が調査に当たったころには、アイヌ語を日常的に使用していた人びとが、いくらでもいた。アイヌ語は、まだ生きた言語だったのである。一方、永田は西洋からもたらされた近代音韻学の基礎知識を身につけていた。そのような人物が、生まれたときからアイヌ語を使って暮らしていた住民に取材をつづけて完成させたのが同書であった。そういう条件のもとで編まれた本は、ほかにはない。ここに『北海道蝦夷語地名解』の資料的価値がある。なお、書名に用いられている「蝦夷語」を何と読むのか、わたしにはよくわからない。「えぞご」かもしれないが、緒言中に「あいぬ語」の表記が何度か出てくるので「あいぬご」の可能性が高いのではないかと思う。

通称「永田地名解」は、第二次大戦前だけで一九〇八年、一九一〇年、一九二七年と改版を重ね、戦後も一九七二年に国書刊行会から、一九八四年に草風館から復刻版が出ている。草風館版には原本になかった索引が新たに付けられ、著しく便利になった。

山田秀三氏は、その前に自ら索引を作り、収録地名の総数を六〇五二と計算している。そうして、そのうちの一四一六（二三％）に「ナイ」が、六二九（一〇％）に「ペッ」が、五二八（九％）に「ウシ（ウㇱ）」が付くことを確かめたのだった。

ナイもペッも既述のように川、沢のことで、ウシ（以下、ウㇱを省略）は山田氏によると、（名詞のあとに付いて）「群生する、群在する、ついている」を意味し、（動詞のあとでは）「いつも……する」の義になるという。このウシのような用法の言葉は日本語にはないのではないか。

ともあれ、「永田地名解」に現れる地名のうち三三％、三つに一つが川（沢）に由来することになる。これはアイヌ語地名の大きな特徴の一つだといえる。ナイとペッの違いについては、専門家のあいだでも必ずしも意見が一致していないが、ここで、それを詳しく取上げる必要はあるまい。はっきりしているのは、北海道全体として見た場合、ナイがペッの二倍強になるということである。

アイヌ語の「ナイ」が、日本人の耳に明瞭に「ナイ」と聞こえたことは間違いない。これをほかの音に聞くことは、まずなかったのである。そうして、文字に書く際は、ほとんど常に「内」を用いてきた。それは、すでに紹介してきた地名によって、だれにも了解されると思う。

これに対して「ペッ」は、そんなに単純ではない。この語をローマ字で表記するとき、ほとんどどかすべてのアイヌ語学者、アイヌ研究者がpetと綴っている。つまり綴りだけを見ると、英語で愛玩動物を意味するpetと同じになる。しかし、両者の発音は少し、あるいはかなり違う。英語のそれは語末のt音が音声として聞こえるのに、アイヌ語petのt音は口の中にのみ込んで発しないのである。すなわち、音にならない音ということになる。これまでペッとしてきたのは、そのためであった。

それではなぜ、わざわざt音を付加するのだろうか。それは、このあとに母音がつづくと、それまで発せられなかったt音が音声として聞こえるようになるからである。例えば、ペッのあとに「尻」の意のオが付くとする。この発音はペッオではなく、ペトとなる。意味は川の尻つまり「河口」である。

既述のように、日本語は典型的な開音節系の言語で、あらゆる音節が母音で終わる。こういう言語を使用している民族は、子音を単独で発音するのが苦手である。もちろん、聞取ることも上手でない。周知のとおり、日本人は日常生活では英語のpetをpettoと原語にはない母音を付け足して発音している。そんな具合だから、アイヌ語のペッの聞取りと文字への転換には苦労することになる。

2　アイヌ語を日本語に移すとき

ペッのような言葉を和人が受け入れる際、二つの方法で臨んできた。

一つは英語のときと同様、本来はない母音を付加することである。その場合、もっとも普通にはベツとした。すでに触れたように、アイヌ語には半濁音と濁音の区別がない。だから、ペツでもベツでもかまわないのだが、古代のある時期から以後の日本語は半濁音（パ行の音）を嫌ったので、ペツではなくベツとなっているのである。ペッをベチとした例も見られる。そうして、漢字では「別」とか「淵」と書くことになる。青森県八戸市で太平洋に注ぐ馬淵《まべち》川は、後者の例として知られている。この川の名は、もともとは「マベチ」と発音し、いまもそういう人も多いが、淵の訓は一般に「フチ」のため近ごろでは「マブチ」と呼ばれることも増えているようである。宮城県登米《とめ》市は、本来は「トヨマ」と読んでいた。しかし、なかなかそうは読めないので、現在では「トメ」を正式の市名としている。ただし、同市の登米町は「トヨマ」のままで変えていない。

もう一つの対処法は、発音されない子音を無視することである。すなわち、単に「べ」とするのである。この場合には「辺」とか「部」の文字を宛てることが多い。その折り、困った問題が生じる。日本語の地形語として、ごく普通に見られる山辺、川辺、池辺、沼辺などの「べ」との区別が困難になることである。

「永田地名解」に出ている六〇〇〇余の地名のうち、九％ほどを占めるウシ（ウシ）地名にも、ペッと同様の問題が起きる。

山田秀三氏は、右の二つの仮名表記に対して、三つのローマ字ush、us、ushiを宛てている。アイヌ語ではサ行音とシャ行音の区別がないから、ushとusは同じことになり、それを仮名でウシと書いたのである。ウシushiは、ushに「もの、者、処」を意味する「イ（ローマ字だとi）」を加えたものだという。ややこしい話だが、いずれも「実際上同じ意味に使われる」としている。語義は前節で述べたとおり、「たくさんある場所」になる。

さらに、ウシはイシ、ウスなどに訛ることも多いうえ、それぞれに牛、石、臼《うす》、碓《うす》などアイヌ語の原義とは無関係の漢字が宛てられることが普通である。そうなると、とりわけ「石」の場合など、字面からは日本語との判別ができない。

渡島半島の西岸、現二海郡八雲町に「熊石《くまいし》」の地名がある。由来はクマ・ウシで「魚を干す竿が・たくさんある所」からだとされている。北海道だからこそ、アイヌ語であることを前提にして、そのような解釈も可能になる。しかし、これが本州以南にあれば、そうはいかない。たいていの者が日本語だと考えて、語義を推測することになるだろう。そうして、やっかいなことに日本語でも十分に説得的な解釈ができるのである。「熊がうずくまっているような形の石による」とか、「隈《くま》（くぼんだような地形の場所）にあった大石に由来する」とかである。

ペッやウシにくらべて、ナイには日本語との識別が難しいという問題は起きにくい。そのうえ、ナイが付くアイヌ語地名は、おそらく東北北部においても、アイヌ語地名の中でいちばん多いのではないかと推測される。すなわち、同音または近似音の地名も多いことになり、比較して原義を追究しやすいといえる。

　これまで取上げたモヤ、タッコ、オサナイが載る五万分の一図に見える、わたしが「アイヌ語地名の可能性が高い」とした地名の大半にナイが付いているのも、もっぱら右の理由によっている。あとは、よほど確実だと考えたもの以外は含めていない。

3　別の指標によるアイヌ語地名の分布図

　右に述べたような視点から、わたしは「まず間違いなくアイヌ語だとみなしうる地名」一三六ヵ所をえらび、それを既刊の拙著『アイヌ語地名と日本列島人が来た道』（二〇一七年、河出書房新社）に図示しておいた。そのうち一一五ヵ所はナイ地名、二一ヵ所はペッ地名である。それを次に再掲出しておきたい。

　ご覧いただくとわかるとおり、本書の第一章末に掲げたモヤ、タッコ、オサナイ合わせて三七ヵ所の分布図と基本的に共通している。両図では、オサナイの九ヵ所が重複しているので、実数では合計で一六四ヵ所になる。ただし、双方には確実性に差があることはいなめない。

　本書分は、アイヌ語であることに合理的な疑いを差しはさむ余地はまずないと、読んだ方に了解していただけるのではないか。もっとも、何を言っても聞く耳をもたない向きはいることだろう。

　これに対して、既刊分の少なくとも一部には、あるいは異論を抱く方はいるかもしれない。それらを、わたしがなぜアイヌ語に由来すると判断したかは、同書に詳しく記してあるので、ここでは再述はひかえておきたい。

ともかく、東北地方の北部に少なからぬアイヌ語地名が散在するということは今日、常識になっているといっても過言ではあるまい。しかし、それがどこまで及んでいるかについては、さまざまな見解が出されつづけている。とくに、アイヌ語地名は日本の全土にわたって存在するとの立場から、「あれもアイヌ語、これもアイヌ語」として何十、何百もの「アイヌ語地名」を列挙した著述は、いまも絶えることがない。そのほとんど、とくに南限線よりずっと南では、おそ

まず間違いなくアイヌ語とみなしうる地名136ヵ所（ナイ地名115、ペッ地名21）の分布図。

らく全部が、金田一京助氏や知里真志保氏の表現を借りれば「幽霊アイヌ語」である。一例を挙げてみる。

〈kochi（高知）（アイヌ語の＝引用者）kapa-pe-chi（濁った溜り水）、―高知県高知市。これは元河内と綴ったが、長曾我部氏が領主となった時に高知と改めた。浦戸湾の奥は水が浅く濁りがちのため河内といったものだろう〉

カパ・ペ・チというアイヌ語があるのかどうか、あったとしても、それに「濁った溜り水」の意があるのか、わたしにはわからない。ただ、カワウチ、カワチ、訛ってコウチ、カチなどは「川にかこまれたような土地」「水に臨んで、増水の折りには浸かってしまうような場所」を指す地形語で、むろん純然たる日本語である。高知市の場合は、ともに市を東流する鏡川と江ノ口川にはさまれた立地から、その名が付いたと考えられる。

この地名は、とくに西日本に多く、その数は数千を下るまい。「濁った溜り水」などといった解釈が当たっているかどうかは、何ヵ所か調べてみれば、すぐわかることである。日本全国どこの地名だろうと、アイヌ語で解釈している人びとの大きな特徴は、現地調査をほとんど、あるいは全くせず、もっぱら言葉の対応、近似に終始しているところにある。遠慮ない言い方をすれば、机上の空論である。

右の文章の出典は、ここではあえて記さないが、インターネットのウィキペディアによると、著者はもと大学の教授で、その専門分野の著述も少なくないらしい。きちんとした研究の基礎訓練を受けたはずの、そのような人物が、ほかにも、

・筑紫《ちくし》　吾らが船で渡航する所
・斑鳩《いかるが》　物見する所
・鬼石《おにし》（旧群馬県多野郡鬼石町）　群在する雲

といった具合に、こじつけにこじつけを重ねていることが、わたしには不思議でならない。同種の著述は、ほかにいくらでもあり、ちょっと意味がとれない地名にぶつかると、「一説に」と前置きしてアイヌ語由来の可能性を指摘する例は、自治体の誌史類などにもしばしば見られる。その全体、いや何分の一かでも把握することさえできるものではなく、仮にできたとしても、いちいちへの反論は不可能である。何千もの「言葉あそび」に、証拠を挙げて「いや、そうではない」と言うためには、途方もない時間とエネルギーを要するからである。

本書では、卑見の南限線の北と南では、アイヌ語地名の分布にいかに著しい違いがあるかを示すことによって、アイヌ語地名は東北北部にしか存在しないという証拠とする方法をとることにしたい。すなわち、南限線のすぐ南の宮城県中南部と、山形県にはアイヌ語とおぼしき地名が全く、またはほとんどないとすると、もっと南には当然ないだろうと考えるのである。

4　宮城県北部のアイヌ語地名

既述のように、宮城県の北部には、

・黒川郡大衡《おおひら》村大瓜字達居《たっこ》の達居森（タッコの⑮）
・石巻市北上町女川字幼（オサナイの⑩）

と、タッコ地名、オサナイ地名が一ヵ所ずつ残っている。このほか、確実にアイヌ語に由来する地名が少なくとも二ヵ所ある。

- 大崎市鳴子温泉鬼首《おにこうべ》　字保呂内《ほろない》の保呂内沢
- 同じ鬼首字岩入《がにゅう》の鎌内《かまない》沢

である。

保呂内はアイヌ語のポロ・ナイに当たる。ポロは「大きい」、ナイは「川、沢」だから、ポロナイ（日本語化してホロナイ）は「大川」または「大沢」になる。

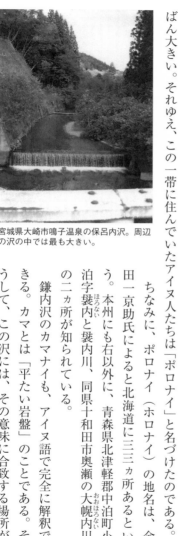

保呂内沢は江合川《えあい》（北上川水系）の支流である。沢の名が付くように、そう大きな流れではない。しかし、江合川の源流から軍沢川《いくさざわ》との出合までのあいだにある十数本の支流の中では、いちばん大きい。それゆえ、この一帯に住んでいたアイヌ人たちは「ポロナイ」と名づけたのである。

宮城県大崎市鳴子温泉の保呂内沢。周辺の沢の中では最も大きい。

ちなみに、ポロナイ（ホロナイ）の地名は、金田一京助氏によると北海道に三三ヵ所あるという。本州にも右以外に、青森県北津軽郡中泊町小泊字袰内《ほろない》と袰内川、同県十和田市奥瀬の大幌内《おおほろない》川の二ヵ所が知られている。

鎌内沢のカマナイも、アイヌ語で完全に解釈できる。カマとは「平たい岩盤」のことである。そうして、この沢には、その意味に合致する場所があり、五万分の一図にも載っている。そこはいま「段々滝」と呼ばれ、沢の源流近くに位置する。沢口の集落、岩入にはもうほとんど人家がなくなったが、わたしが平成二十八年（二〇一六）十月下旬、数少ない住民の一人、高橋幸悦氏（一九三五年生まれ）からうかがったところでは、段々滝は滝というより、巨大な洗濯板をやや斜めに立てたような岩盤上の急流らしい。水はそう大量には流れておらず、傾斜もきつくないから遡行は難しくない。

このような地形を日本語では、ふつう「ナメ（滑《なめ》とか行《なめ》の字を宛てることが多い）」という。この言葉は、沢登りや渓流釣り、登山などをする人なら、だれでも知っているだろう。鬼首のあたりでは、それを「イタ（板）」と称するそうである。

右の四ヵ所ほど確実な裏づけは見つけられないが、あるいはアイヌ語に由来するかと思われる地名は、なおいくつかひろい出せる。

・栗原市花山字本沢《ほんざわ》穴ノ原の年内沢《としない》

も、その一つになる。この沢は鬼首字保呂内や岩入から東へ五キロほどしか離れておらず、その距離の近さからもアイヌ語の可能性はかなり高いといえる。ただし、わたしには「トシナイ」の語義がわからず、言葉と地形あるいは地物の特徴が合致するかどうか調べることができない。

保呂内沢、鎌内沢、年内沢は宮城県の最北西部に位置して、岩手、秋田両県に近いが、

・黒川郡大郷《おおさと》町不来内《こずない》

は、先の達居森や幼より、さらに南になる。ここは仙台駅から北東へ二五キロくらいしか離れていない。印象深い文字を宛てているためもあるのだろう、これをアイヌ語地名とする人は少な

くない。住民もたいてい、そのことを知っている。しかし、言葉の意味がはっきりせず、残念ながら当否を判断する決め手がない。

不来内の東二・五キロばかりに、

・宮城郡松島町幡谷《はたや》の東北本線品井沼《しない》駅

があり、その一キロほど北西で吉田川に品井沼大橋がかかっている。

品井沼は現在、干拓されて広大な水田地帯になっているが、もとは吉田川沿いの沼であった。山田秀三氏は、このシナイをシ・ナイ（大きな・川）の意かもしれないと考えていた。知里真志保氏の辞典では、シには「真の、本当の、大きな、二つ並んだうちの大きい方の」の意味があるとなっている。

宮城県大郷町不来内の吉田川と品井沼大橋。

品井沼大橋付近から眺める吉田川の風景は、たしかに広々として「大きな川」と呼ぶにふさわしい。だが、シナイは日本語でシナ・イとも解釈できないこともない。シナとは、地形語では「段差の付いた土地」を指す。長野県（信濃国）にことに多いタテシナ（立科、蓼科）、アサシナ（浅科）、アカシナ（明科）、ハニシナ（埴科）、サラシナ（更科）などのシナである。イは水路（とくに農業用水路）と考えることができる。要するに、アイヌ語だろうとは言いきりにくいことになる。

不来内から東へ二五キロくらいの、

・石巻市井内《いない》

についても似たようなことがいえる。

地内のJR石巻線の駅は「稲井」の文字を用いているが、音は同じ「イナイ」である。井内はイウチとかイノウチと読まれやすいので、漢字を変えたのではないか。いずれにしろ、イナイは、語義は不明ながらイ・ナイというナイ地名である可能性を否定できない。ただ、これもイナ・イなる日本語かもしれず、結局はどちらとも決しがたい。

北上川を河口から三〇キロほどさかのぼった、同川左岸（東岸）の、
・登米市登米町日根牛《ひねうし》
もアイヌ語由来かもしれない。この地名について、山田秀三氏は『東北・アイヌ語地名の研究』一三八ページで、「日根牛はピンニ・ウシ（やちだも・群生する処）か」と述べている。ヤチダモはモクセイ科の落葉喬木だが、かつてここにその木が群生していたかどうか、いまとなっては確かめようもない。

日根牛の三キロばかり下流の左岸にも、
・登米市津山町柳津《やないづ》字黄牛《きうし》
という、ウシ地名とおぼしき地名が残っている。ただし、その語義はわたしにはわからない。日根牛も黄牛も、石巻市北上町女川の幼から北西へ一五キロ前後しか離れておらず、その点でもアイヌ語地名の可能性は相応に高いといえる。しかし、おおかたを納得させるだけの根拠を示すことは難しい。

以上は、いずれも石巻市の中心部（例えば石巻駅）を通って東西に延びる線（北緯三八度二六

分くらいの線）の付近か、それより北に位置している。ところが、この線からさらに一五キロばかりも南、緯度では仙台市の中央部、宮城県庁とほぼ同じあたりに気になる地名が残っている。

・仙台市青葉区上愛子《かみあやし》字内崩《ないくずれ》

である。

ここはＪＲ仙北線熊ヶ根駅から、広瀬川をはさんで対岸の急傾斜地になる。もと住民の男性（一九五一年生まれ）によると、かつては七戸あったというが、平成二十八年春には二戸に減っていた。

内崩の周辺は珍しいほど傾斜がきつく、至るところで沢が崩れている。本当に「沢崩れ」といった感じの地形である。沢はアイヌ語でナイだから、半分をアイヌ語で表現した地名（金田一京助氏のいわゆる半訳地名）だと考えると、ぴったり当てはまる。この地名がそのようにして付いたのか、ただの偶然で別に意味があるのか、わたしには判断がつかない。もし前者だとすると、アイヌ語が方言のような形で残っており、それに日本語を加えたのかもしれない。なお、内崩は五万図には載っていないが、グーグルやヤフーの地図では検索できる。

右以外にも、宮城県のとくに北部には、アイヌ語の可能性が残る地名がなお少なくとも数ヵ所は見えるが、結局、確実なことを言うのは難しい。ここでは紹介ずみの分だけを地図に落として視覚的に理解しやすいようにしておきたい。

5 宮城県中南部の場合

本書の冒頭に掲げておいたアイヌ語地名の南限線の図は、わたしが確実にアイヌ語に由来すると考えた地名をもとにして引いてある。もとより、ことの性質上、県境や市町村境のようにきっちりとした一本の線ではありえない。

奥羽山脈より東側でいえば、もし宮城県大郷町不来内《こずない》や仙台市青葉区内崩《ないくずれ》がアイヌ語地名だとしたら、右の線はだいぶん南へ下がることになる。しかし、どこまでも南へ下がっていくわけではない、それが卑見である。

それを立証するためには、もっと南にはアイヌ語地名がないという証拠を示さなければならないが、すでに何度か述べたように、「ない」と言い切ることは実際には難しい。地名は、ほとんど無数に存在するからである。それで、本書では三人のアイヌ語の専門家が宮城県中南部と山形県に残っているとした地名のいくつかを取上げて、その問題点を指摘する方法をとることにしたい。

『東北六県アイヌ語地名辞典』という本がある。一九九五年に国書刊行会から出版された。ただし、この時点で著者の西鶴定嘉《にしつるさだか》氏は故人となられており、親族が遺稿をまとめて一冊としたものだという。西鶴氏は戦前、樺太師範大学で地理学の教授の職にあり、アイヌ語にも精通していたという。樺太やアイヌ民族についての著書が少なくとも一〇点近くあるらしい。このような経歴の学者の見解は、有力な通説として一人歩きをしやすい。

宮城県内のアイヌ語であることが確実か、その可能性がある地名の分布図。

西鶴氏は同書の中で、宮城県内のアイヌ語地名として、およそ二〇〇を列挙している。それは県の全域にわたっており、前節で紹介した保呂内、鎌内、不来内、品井沼、井内、日根牛も見える。だが一方で、およそアイヌ語とは信じがたい地名も少なからず含まれている。いくつかを例示してみる（現行の地名表記に替えて、できるだけ詳しく記しておいた）。

- 鼻輪《はなわ》　岩沼市土《ど》ケ崎《さき》の岩沼土ケ崎郵便局（東北本線岩沼駅の七〇〇メートルほど西）のあたりにあった地名。現在は使われていない。
- 大崎市鹿島台木間塚《きまづか》字阿久戸《あくど》
- 栗原市志波姫《しわひめ》下里の阿久戸（いまバス停の名として残っている）

西鶴氏によると、ハナワのハは水が減退すること、ナは水、ワは円いものの縁をいい、ここにあった玉浦と呼ばれる沼の湖畔に乾いた土地が出現し、そこがハナワだという。

アクトはアク（弟）・トウ（湖）で「弟湖」の意になる。前者では既述の品井沼に対する、後者では伊治沼（いまの伊豆沼のことらしい）に対する呼称だとしている。

しかし、ハナワもアクトも東日本に広く見られる地名で、とくに茨城、栃木、千葉県などに目立っている。ハナワは、しばしば「塙」と書くことからもわかるように、高台の先端に位置して、下の低地を見下ろせるような場所に付いた地名である。そのような土地は、おおむね先が丸みを帯びているので、「端輪」が原義だと思われる。

アクトは「圷」の文字を宛てることが多い。アクトは訛ってアクド、アクツなどともなり、よくハナワと相並んで現れる。すなわち、つくりにあるように高台の下の低地のことである。

・亘理郡亘理町長瀞《わたりぐんわたりちょうながとろ》

のナガトロはnak-a-to-or-oで、「湖ではないのだが、全く湖そっくりのところだ」の意味だとしている。本当に、そんなアイヌ語があるのかどうか、わたしにはわからないが、ナガトロなる地名は全国に少なくとも数百はあるだろう。語義ははっきりしていて、「長いトロ場」を指す。トロは、ごくありふれた日本語であり、『広辞苑』では「川水の深くて流れの静かなところ。どろ」と説明されている。埼玉県長瀞町の「長瀞」も、紀伊半島の北山川（熊野川の支流）の景勝地「瀞八丁《どろはっちょう》」の「瀞」も、これである。ちなみに、八丁は九〇〇メートル弱だが、ここでは「長い」の比喩に用いられている。

・柴田郡川崎町川内

前掲書には「今はカワウチと読むが、おそらくカパナイの当字であろう。カパナイは『泥だらけの川』、低湿地だから、川は泥だらけになっている意」とある。カワウチを勝手にカパナイと読み替えることも問題だが、ここは日本語のカワウチで十分に理解できる。北川と太郎川が合して碁石川《ごいしがわ》（名取川の支流）になる手前の地名で、典型的な「川内」地形をなしている。

・仙台市青葉区下愛子《しもあやし》字戸内《とのうち》（西鶴氏は「戸の内」と表記）

これも何の根拠も示さず、トウナイが原名だとして「湖から流れ出る川」の意だとしている。地名は九分九厘以上が実生活の中から生まれたものであり、初めはもっぱら口と耳を通じて伝えられてきた。これに文字を宛てたのは一般に、ずっとのちのことである。だから音が大事で、漢字を自己流に読み替えてはいけない。

『東北六県アイヌ語地名辞典』には右のようなこじつけが充満しており、きわめつけは、
・石巻市桃浦と牡鹿郡女川町高白浜境の大六天山《だいろくてん》（四三九メートル）
であろう。

大（第）六天は、『広辞苑』によると、「他化《たけ》自在天」の別名だという。他化自在天は、「欲界六天の第六で欲界の最高所」だと書かれている。これを祀った大（第）六天神社は、とくに関東地方に多く、宮城県でも珍しくない。大六天山の頂上近くに祀られている三国神社は、現在では大六天との直接の関係は確認できないようだが、この山名が大六天信仰によることを疑うべき理由はないのではないか。

ところが、西鶴氏はこれを「妄説」だとして、アイヌ語タイ・ロク・テムが原名だとする。タイ（森林）、ロク（座る）、テム（匍《は》う）で、「頂上にある森林を遠くから望むと、匍いさがるように見える」の意だという。

日本語と考えられる言葉を適当に分割して、それぞれの部分にアイヌ語を当てはめて我流の解釈を下し、これもアイヌ語、あれもアイヌ語と言いはる人は、いまも跡を絶たないが、これほど無茶な語呂合わせはちょっと類がないように思われる。

右のような例は決して一部にかぎられていない。全体を通じて見られる傾向で、結局、同書は宮城県中南部にアイヌ語地名が存在することを裏づける資料にはなっていない。まことに非礼ながら、それが卑見である。

6 金田一京助「奥州蝦夷種族考」

奥羽山脈の西側、山形県については、まず金田一京助氏の指摘の当否から取上げることにしたい。同氏は周知のように、わが国アイヌ語学の開拓者であり、第一人者であった。

金田一氏は、古代史に登場する「蝦夷《えみし》」とはアイヌ民族のことだと考えていた。蝦夷は文献によれば、いまの東北六県と新潟県の北部に住んでいたとされているから、アイヌ語地名は、その地域の全体に残っているとの立場をとることになる。それを同氏は「勿来《なこそ》の関と白河の関を結ぶ線より北側」と表現していた。当然、山形県にもアイヌ語地名が存在するとしていたのである。

金田一氏が東北地方のアイヌ語地名について最も体系的に記した著述は、一九六二年の講演の筆記録「奥州蝦夷種族考」(二〇〇四年、平凡社から出版された同氏の『古代蝦夷とアイヌ』所収)ではないかと思われる。

そこには、東北六県に分布する「ナイのつく地名」およそ三〇〇ヵ所が各県別および旧郡別に列挙されている。氏がアイヌ語に由来するとみていた地名は、むろんナイが付くものだけではなかったが、表にする際それにかぎったのは、形の上だけで判断しやすかったことと、やみくもに範囲を広げて語呂合わせ、こじつけに陥ることを避けたかったからではないか。ともあれ、山形県分は一一ヵ所と六県の中では最少であった。それを、まず原文のまま郡別に掲げておく(ルビは金田一氏による)。

北村山郡　紅内《クレナイ》　神内《ジンナイ》

東村山郡　喜内《キナイ》　木内《キナイ》（天童の内）
西村山郡　藤内《トウナイ》
南村山郡　今内山《コンナイざん》
東置賜郡　反内《タンナイ》　屋岸内《ヤキシナイ》　九内《クナイ》　矢内《ヤナイ》
鶴岡市　屋岸内《ヤギシナイ》

何を出典にしたのかはっきりせず、詳しい場所も示されていないので、東村山郡木内、南村山郡今内山、東置賜《おきたま》郡屋岸内、同郡矢内については、どこを指しているのか、わたしは確認できていない。

この四つを含む一一の地名を眺めていて、すぐ気づくのは多くが人名のようなひびきをもつことである。それはジンナイ、キナイ、トウナイ、コンナイ、タンナイ、クナイの合わせて六つ、のべ七ヵ所に及んでいる。ただし、神内が、

・酒田市飛鳥字神内

のことだとしたら、これは「カミナイ」と読むようなので、右には当たらないことになる。酒田市は昭和八年（一九三三）に市制を施行するまでは飽海《あくみ》郡に属していたが、わたしは北村山郡に「神内」なる地名があることに気づいていない。

それはともかく、先の六つの一部が人名によるらしいことを裏づける資料もある。

西村山郡の藤内は現在の、

・天童市藤内《とうない》新田

であろう。既述の「平凡社辞典」によると、ここは天正年間（一五七三―九二年）に、鈴木藤内なる人物が開拓したというから、それにもとづく地名であることは、まず間違いあるまい。

東置賜郡の九内は、

・米沢市入田沢の「九内《くない》の滝」

を指しているのではないか。ここは旧八谷鉱山に近く、九内は鉱夫たちを相手にしていた芸者の名だとの伝承がある。芸者には男の名を源氏名にしていた者が少なくなかった。この話を別にしても、クナイは人名として珍しくない。

鶴岡市の屋岸内は、もちろん人の名ではあるまい。これに当たると思われる地名に、

・鶴岡市文下《ほうだし》字家岸《やぎし》

が残っている。少なくとも、現在の地名表示では「内」は付いていないが、古くは付ける言い方もあったかもしれない。しかし、その場合でも、これは「ウチ」と発音していた可能性を否定できない。この近隣には幕野内《まくのうち》、横内《よこうち》、村ノ内など「～ウチ」の地名が珍しくないからである。ウチは集落の名の下に加えることが多い言葉である。

金田一氏が挙げた山形県のナイ地名が、アイヌ語由来にしてはいかに不自然かは、例えば前掲書の秋田県雄勝郡のナイ地名とくらべてみると、よくわかる。旧雄勝郡は同県の最南部の奥羽山脈寄りに位置して、山形県に接している。同氏が並べた地名は、

西馬音内《ニシモナイ》、田子内《タコナイ》、生内沢《オボナイざわ》、鹿内《シカナイ》、佐内川《サクナイがわ》、米内沢《ヨナイざわ》、猿半内《サルハナイ》、上《かみ》・下院内《しもインナイ》（町、銀山）、長子《チョウシ》内嶽《ナイだけ》、宇留院内《ウルインナイ》、役内《ヤクナイ》（八口内《ヤクナイ》）、薄久内《ウスクナイ》、茂内沢《モナイざわ》

の一三ヵ所である（ルビは原文のまま）。

人名の可能性があるのは、佐内（ルビではサクナイだが）だけといってよいだろう。

ちなみに、右のうち上・下院内、役内、薄久内、茂内沢の三つは、役内川、大役内川、役内沢、薄久内川などの河川をともなって、山形県境からおおむね五キロ以内に位置している。ところが、神室《かむろ》山地を越えて山形県へ入ったとたん、ナイの付いた地名がぱたりと見えなくなってしまう。「奥州蝦夷種族考」に出てくる、人名のようなナイ地名でさえ、それが現れるのは山形県のずっと南の地域に限られている。不思議なことだが、奥羽山脈の西側では、秋田・山形県境がアイヌ語地名の南限線の感を呈しているのである。

なお、神室山地南西麓の新庄市萩野字土内と土内川は、ツチウチであってナイ地名ではない。

7 **「紅内」と山田秀三氏の現地調査**

金田一氏が挙げた山形県のナイ地名のうち、北村山郡の紅内は現行の住居表示では、

・尾花沢市鶴子《つるこ》字紅内《くれない》

になる。

ここは、秋田・山形県境としては最南部に近い神室山（一三六五メートル）からでも四〇キロほども南に位置しており、も

秋田県湯沢市秋ノ宮字薄久内の家並み

はや山形県中部に入るといってよい。ただし、東の宮城県境までは四キロたらずしかない。

山田秀三氏は現地調査にもとづいて、このクレナイをアイヌ語だと信じていた。氏は、ここのことを著述の数ヵ所で取上げているが、『東北・アイヌ語地名の研究』一四四ページでは次のように述べている。

「ここから秋田県境まで、つまり山形県北辺にはアイヌ語形のナイが余りなく、丹生川上流の紅内ぐらいしか今の地図にはない。但しその紅内は行って見ると鉄分を含んだ水が流れている場所で、正にフレ・ナイ（赤い・川）の訛りであろう」

さらに、『アイヌ語地名の研究』第一巻の一二四ページでは、

「とにかく沢に入って見たら川石があまりにも鮮麗な赤色なので驚きました」

と記している。

アイヌ語「フレ hure」は「赤い」という意味である。それがクレに訛ることは十分にありえる。日本語では、ケヅル（削る）―ハツル（削り取る）、カケ、ガケ（ともに崖）―ハケ（急傾斜地）、カム（噛む）―ハム（食む）、ノコギリ（鋸）―ノホキリ（鋸）などのようにk音とh音は交替しやすいことが知られている。だから、もし紅内のあたりで、本当に川の石が赤ければ、山田氏の指摘は、ほぼ完全に裏づけられることになる。

わたしが紅内を訪ねたのは、平成二十八年十月のことであった。紅内は一〇戸に満たない小集落だが、そこと外部を結ぶ実質的には唯一の通路である紅内橋から下の丹生《にう》川を見下ろしても、どこも赤いとか茶色っぽいという印象は全く受けなかった。

赤い（実際は茶色っぽい）川というのは、ときどきある。わたしは別の地名調査で、各地のそのような川をまわったことがある。東北地方では、

・福島県耶麻郡猪苗代町渋谷《しぶたに》あたりの長瀬川

は、その典型例だといえる。長瀬川は南流して猪苗代湖に注ぐが、支流の酸《す》川との合流点から下流二キロばかりは、川の石や河原が赤茶色に染まっていた。ほかにも、これほどではなくても、茶色っぽい川は決して珍しくはない。しかし、紅内付近の丹生川は、どうひいき目にみても、そんな感じはなかった。

それは、わたしだけの感じではない。紅内と対岸の市野々《いちのの》の年配の住民合わせて四人に訊いても、「川が茶色になったところなどない」とか「そんな場所があることは耳にしたことがない」と口をそろえたのである。

ここの地名がフレナイなら、また改めて考えてみる必要があるだろう。しかし現実の発音は、あくまでクレナイである。そうして、川が赤いとする人にも会えない以上、山田説には疑問があるというほかない。それでは、なぜ山田氏には川石が「鮮麗な赤色」に映ったのだろうか。ひとことで言えば、不思議というしかないが、おそらく「かくあれかし」の気持ちが、そうさせたのではなかったか。川が茶色に見えるかどうかは、結局は主観の問題で、あらかじめそうであるに違いないとの思いを強くもちすぎていたため、一種の錯覚を生んだのかもしれない。

それと、もう一つ、「丹生川」なる川の名に影響を受けたことも考えられる。ニウのニは「赤土」、ウは前に記したフ（何かが生えているところ、何かを産出するところ）の訛りである。こ

れが地名になった場合、「辰砂《しんしゃ》（水銀の原料）の産出地」を指すことが多い。辰砂は赤色を帯びており、例えば三重県多気郡多気町丹生《にう》の丹生大師近くでは、いまも赤茶色に染まった土が露出している場所が散見される。

尾花沢の丹生川は最上川の支流だが、その合流点まで六、七キロの右岸（北岸）に「丹生」の地名が残っている。川の名は、これによって付いたのであろう。日本の水銀鉱は一般に産出量が少なく、たいていは掘りつくしていて、かつては鉱山であったのかわからないことが多い。しかし、その地名から考えて、かつては現尾花沢市丹生でも水銀が採れていた可能性がある。そうだとすれば、近隣に赤茶色に染まった土が残っていないともいいきれまい。

山形県尾花沢市鶴子字紅内の遠景。手前の紅内橋の下を丹生川が流れる。

だが、いずれであれ、紅内から丹生までは直線でも、たっぷり一〇キロは離れている。紅内の地名と辰砂とが関係していることはないのである。ただ、もとはずっと下流のみを指したはずの「丹生川」の名が山田氏に、辰砂—赤い—アイヌ語の「フレ」—クレナイの連想を抱かせ、それが「鮮麗な赤色」と書かせることになったのかもしれない。

山田氏は、間違いなくアイヌ語地名研究の第一人者であった。そのことは多くの人が認めており、それゆえ山田説は定説として独り歩きをしがちになっている。紅内がアイヌ語であることを自説に援用している研究者も、わたしがたまたま気づいただけで複数いる。ここは南限線を考えるうえで微妙かつ重要な場所でもあるので、

「クレナイ」が日本語ならどんな意味になるかについて、卑見を述べておきたい。

紅内は山間の一寒村で、過疎化が始まる前から一〇戸を超えたことはないと思われる。ここが丹生川対岸の市野々の、いわゆる出村として成立したことも、まず間違いあるまい。紅内は高倉山（六九四メートル）の西麓に位置し、日当たりが悪い。それが開発が遅れた一因でもあったろう。ただ、朝が遅い半面、夕方はなかなか日が落ちない。それで、「暮れない」と呼ばれるようになり、のち「紅内」の文字に変えた、この一帯の人びとなら、たいてい知っているそういう地名説話がある。実際、本村の市野々側から見れば、いかにも「暮れない」土地である。それが本当に地名の起源かどうか即断はできないが、日本語でいちおう解釈しうるとはいえる。

この推測が誤っているとしても、これまでに書いてきたような理由で、わたしにはクレナイがアイヌ語だとは思えない。

【コラム】⑥　「猿跳《さるはね》」と「猿飛《さるとび》」について

山田秀三氏が、山形県では紅内と並んで「アイヌ語系と思われるもの」と指摘した地名が、もう一つあった。「猿羽根《さばね》」である。

この地名は現在では、尾花沢市毒沢《どくさわ》と最上《もがみ》郡舟形町舟形とにまたがる峠の名の「猿羽根峠」にしか残っていない。しかし、このあたりには古代、「猿翼《さるはね》」の駅家《うまや》が置かれたことが『続日本紀』（七九七年撰進）に見えている。

山田氏は、このサルハネはアイヌ語のサル・パ・ナイ（葭原の・上手の・川）の「転音らしい」（『アイヌ語地名の研究』第一巻九八ページ）とし、それがのちにサバネになったと考えたのである。その推測の背景には、金田一京助氏も秋田県雄勝郡の「ナイの付く地名」の項で挙げている、

・秋田県横手市増田町狙半内《さるはんない》

という地名の知識も関係していたようである。

この山田説の当否を判断するうえで、二つのことが障害になっている。もとのサルハネがどこにあったのかはっきりしないことと、たとえわかったにしても、山田氏の指摘どおりであれば植生にもとづく命名になるから、いまでは検証が困難だと思われる点である。

そういうことはあるが、サルハネは日本語でも十分に解釈できる。いや、むしろ、その方がずっと地名の意味を理解しやすいといっても過言ではない。ヒントの一つは、

・福島県伊達市梁川《やながわ》町舟生《ふにゅう》字栗生《くりゅう》の猿跳《さるはね》岩

である。

ここと宮城県伊具郡丸森町耕野《こうや》とのあいだの阿武隈川は、急に川幅がせばまって、急流が岩をかむ「猿跳」と呼ばれる景勝の地になっている。その右岸にそそり立つ高さ四〇メートルほどの奇岩が猿跳岩である。すなわち、「猿にしか登れない」「猿なら登れる」といったほどの意であろう。

「猿が跳ねる」「猿が飛ぶ」の連想から生まれた地名は、ほかにもある。例えば、
・新潟県中魚沼郡津南町結東《けっとう》字逆巻の猿飛橋
も、その一つになる。この橋の下の中津川（信濃川の支流）は、両岸が著しく狭くなっている。ここの場合は比喩ではなく、猿なら本当に飛び渡れるかもしれない。

わたしは行ったことがないが、
・愛媛県上浮穴《かみうけな》郡久万《くま》高原町若山の猿飛谷
も、ほぼ同趣旨の名ではないか。猿飛谷は、いわゆる「面河《おもご》渓谷」の一角に当たる。

話を山形県のサバネにもどすと、この近隣にはアイヌ語とおぼしき地名が全く見当たらない。それは先の紅内についてもいえる。わたしが二つをアイヌ語だとする見方に大きな疑問を覚えるのは、そこにも一因がある。

第七章　どのようにして今日に伝わったか

1　南限線は西で明瞭、東でぼやけている

秋田県にはアイヌ語地名が少なくない。いま残っているものだけでいえば、もっと北海道に近い青森県より多い可能性もある。

とくに十和田湖や田沢湖の周辺で目立ち、田沢湖西方の仙北市西木町や、その北側の北秋田市阿仁《あに》あたりは、それこそアイヌ語地名だらけといっても過言ではない。

それほどではないにしても、ずっと南方の山形県境に接した湯沢市や由利本荘市にも少なからず分布している。その辺を両市のナイ地名にかぎってみてみたい。これから列挙する地名は、前章3節に掲げておいた一三六ヵ所の場合より、少し基準をゆるめてある。すなわち、アイヌ語地名であることはまず間違いないと思うが、語義が不明であったり、北海道および東北北部に類似の地名が少なく、その地形上の特徴をつかみにくい例などが含まれている。

まず、湯沢市である（一部は一三六ヵ所の中に入っており、また前章6節に挙げた地名と重複

している）。

•秋ノ宮字茂内《もない》沢（地名）と茂内沢（沢の名）

•秋ノ宮字役内《やくない》と役内川、役内沢（ともに河川の名で、ほかに大役内川もある。一連のものと考えて一つに数えた）

•秋ノ宮字薄久内《うすくない》と薄久内川

•皆瀬字上生内《かみおぼない》、下生内と生内沢

•皆瀬字小保内《こぼない》

•宇留院内《うるいんない》と宇留院内川

•桑崎《くわがさき》　字小比内《こびない》沢（五万分の一図には見えないが、近くの小比内山は載っている）

•三梨《みつなし》町字飯田男《お》長子内《ちょうしない》、女《め》長子内《ちょうしない》（五万図には見えないが、そばの雄長子内岳、女長子内岳は載っている）

•関口字東市内《ひがしいちない》と市内沢

•下関字下本内《しもほんない》（五万図には本内とある）

•湯沢市の院内銀山町、上院内、下院内（この院内は、おそらく「寺院の内」のことではない。一つとして数えた）

•同市山田字米内《よない》沢（現在では地名としてのみ残っているようである。五万図には載っていない）

次は西隣の由利本荘市だが、ここは平成の大合併によって市域が広がり、北端は秋田市の市街地近くまで達している。それで、ここでは山形県に接している同市鳥海《ちょうかい》町（旧由利郡鳥海町）だけを対象にしておきたい。

・上直根《かみひたね》字大宮内《おぐない》、小宮内《こぐない》
・小川《こがわ》字大久内《おぐない》（右のクナイ同様、人名にもとづく可能性がないとはいえない）
・小川字男鹿内《おかない》
・小川字酢々内《すすない》

秋田県南端部に残るアイヌ語地名の分布図。おおむね湯沢市街より南のナイ地名を拾った。

両地域で合わせて一六のナイ地名が確認できる。ほかに、この二つの自治体にすっぽりはさまった感じの雄勝郡羽後町にもアイヌ語地名は珍しくない。しかし、ここは直接、山形県に接していないので、いまは取上げない。

なお、日本海に面したにかほ市象潟《きさかた》町も山形県に隣り合っているが、この地域には明らかにアイヌ語と考えられる地名はないようである。つまり、秋田県の南端では奥羽山脈の脊梁に近いほどアイヌ語地名が濃密に分布し、そこから遠ざかるにしたがって数が減り、象潟町に至って確認できなくなるといえる。

右の一六ヵ所の地名を地図の上に落としてみると、上のようになる。

一見してわかるように、秋田県には日本海寄りの地域を別にすれば、最南部にまでアイヌ語地名が、かなり残っている。

ところが、県境を南へ越えて山形県へ入ったとたん、ほぼ確実にアイヌ語とみなせる地名が見えなくなってしまうことは、すでに述べたとおりである。両県のあいだには、たしかに著しい違いが存在する。すなわち、奥羽山脈の西側では日本海に近い方を除いて、アイヌ語地名の南限線は、秋田・山形県境とほとんど一致していることになる。その境界は、あたかも垂直の崖のように明瞭だといってよい。

ただし、お断りしておきたいが、わたしは山形県にはアイヌ語地名がない、と断言しているのではない。狩猟・採集・漁撈民族であったアイヌにとって、県境のせいぜいで標高一〇〇〇メートルかそこらの神室《かむろ》山地、丁岳《ひのとだけ》山地が行動上の障壁になったとは考えがたく、精細に調査すれば、彼らが付けた地名は見つかる可能性がある。しかし、その場合でも南限線が大きくくずれることはないのではないか。

一方、奥羽山脈の東側では既述のように、その線はすこぶるあいまいである。わたしは、いまのところアイヌ語であることが確実な地名を指標にするかぎり、宮城県の北部三分の一ほどがアイヌ語地名帯になると思っているが、もっと詳しく調べたら、南限線を同県の真ん中あたりまで下げる必要が出てくるかもしれない。

2　山中深くのアイヌ語地名

今日、南限線より北に、少なくとも数百は残っているアイヌ語とおぼしき地名は、しばしば山中深くに位置している。

例えば、オサナイ⑧の、

・秋田県仙北市田沢湖生保内《おぼない》の長内沢《おさないさわ》

である。

長内沢は玉川（雄物川水系）の支流の名だが、このオサナイは既述のように、もとは合流点から七〇〇メートルばかり下流の玉川の異様な蛇行場所を指していたと考えられる。すなわち、右のオサナイはオ・サン・ナイ（山の尾の・突き出た・川）が訛った可能性が高い。

長内沢は全長が五キロたらずしかない。五万分の一図によると、そう呼ばれるのは下流部だけで、二キロくらい上流で金堀沢と刑部《ぎょうぶ》沢に分かれている。刑部沢には小倉沢という支流があり、長内沢には沢口から一キロほどのところで屋敷沢が合している。つまり、この小さな水系で、長内沢を含め五つの小沢の名が地図に載っていることになる。

これは、いつ、だれによって記録されたのだろうか。おそらく、明治時代にここへ分け入った陸軍陸地測量部の担当者が、地元住民から聞取ったものだと思われる。陸地測量部は、現今の国土地理院のように日本全土の地形図を作成する任務を負っていた。その地形図は五万図を基本とし、それより精密な例えば二万五千分の一図は、五万図をもとにして作られたものである。だから、地名とくに山中の地名などは両図で情報にほとんど差がない。

それはともかく、もし五万図がなければ、全長で一キロあるかないかの小倉沢のような細流のかなりが、すでに名を忘却されていたのではないか。第二次大戦後の過疎化の進行後は、どこによらず山間地の住民が減少し、残った人びとも年々、周囲の自然とのつながりが薄くなっている。集落を遠く離れた奥深い小沢へ出かける者は減りつづけ、名前についての関心もどんどんなくしているためである。

しかし、明治のころ（大正時代、あるいは昭和初期だったかもしれないが）、この一帯の測量に当たった技官が雇った地元の案内役は、細流に至るまで名を知っていたのである。いや、そうではなく、わからない沢名もあって集落へ帰ったあと、もっと詳しい者に確かめたこともあったかもしれない。いずれであれ、五本の沢の名が陸地測量部に記録されたのだった。その折り、長内沢について村人は単に、

「オサナイ」

と答えたこともありえる。そうだったとしても、技官は自分でそれに「沢」を加えたろう。当時の地図作成者たちは、河川には「川」か「沢」を付けることを慣例としていた。

このすぐ近くには、アイヌ語であることがほぼ確実な地名というより沢名が、もう一つ残っている。長内沢の沢口から直線で三キロくらい南で、玉川に合している堀内沢《ほりない》である。「ホリナイ」は先述のように「ホロナイ」（アイヌ語だとポロ・ナイで「大きな沢」の意）の訛りだと考えて、まず間違いあるまい。堀内沢は、この近隣の玉川の支流では目立って大きいからである。

長内沢の沢口は、最寄りの堂田《どうでん》集落から南へ一・五キロほどの距離があり、そのあいだにも奥にも人は住んでいない。堀内沢の沢口も、仙北市田沢湖卒田《そつだ》字黒倉から直線でも北東へ七キロく

らい離れており、夏瀬ダムや神代《じんだい》調整池、夏瀬温泉ができるまでは周辺に人は全く暮らしていなかった。オサナイの名の由来になったと思われる玉川の大蛇行場所など、いまでも舟を使わないかぎり、ちょっと近づきようがないくらいである。そんな人跡まれといってよい山中の沢に付けられたアイヌ語の地名が、なぜ和人に伝えられたのだろうか。

本土のアイヌ民族は、南方から北上してきた和人に追われて北へ北へと退いていったとする指摘がある。いや、ほとんどの研究者が「何となく」そう考えているのではないか。はっきりと、そのような立場から自説を組み立てている方も少なくあるまい。その際、アイヌ語地名の一部が和人に受けつがれ、それが今日に残るアイヌ語地名だということになるのだろう。

しかし、そんなことは起こりえないように、わたしには思える。自分たちの領分に踏み込んできて、自分たちの土地を奪って追い払うような異民族（この場合は和人）に対して、自分たちが付けた地名を教える理由も方法も想像しがたいからである。

例えば、長内沢も堀内沢も、このあたりへ移住してきた人びとがすぐ行くようなところではない。いや、農耕民族なら、何十年暮らしていても、そう訪れる機会はないかもしれない。ただ、やがて彼らも山住みの生活者となれば、少なくとも一部の住民は山や川の幸を求めて奥山へ分け入ることもあるだろう。だが、もしアイヌ民族が和人に追われたのだとすると、そのころには近くにいなかったはずである。つまり、その時点では、アイヌ語地名は消滅していたことになる。

にもかかわらず、いまなお東北地方の北部に数百を超すアイヌ語地名が残存しているのは、なぜなのか。

3　アイヌは東北北部で和人と同化した

現在、北海道に、おびただしい数のアイヌ語地名が残っているのは周知のとおりである。しかし、これは東北地方の場合と事情が全く違う。

和人の北海道進出は江戸時代の、とくに後期ごろから本格化しはじめ、明治維新後にいっそう大規模かつ組織的になった。それは、たぶんに武力と経済力を背景にした強圧的なものであったが、アイヌ人を道外へ追いやるといったことはなかった。そもそも、そんな場所などなかったからである。アイヌ人の方も、和人の大量流入を嫌ったにしても逃げ場はない。彼らの抑圧のもとで、道内で生きていくしかなかったといえる。

新たに発足した和人の国家は、まず統治の必要上から北海道の土地について正確に把握することを始める。それには当然、地理や地名も含まれる。国は、そのために国力と権力を用いた悉皆《しっかい》調査に取りかかったのである。今日、北海道の地図に大半がアイヌ語に由来する地名が載っているのは、その結果にほかならない。それは意識的、意図的な記録によっていた。

右のような事情が、古代あるいは中世の東北地方に生じていたことはなかったはずである。それでは、どんないきさつで、地域によってはおびただしい数のアイヌ語地名が後世まで残ることになったのだろうか。

南方から和人が北上してきたとき、アイヌ人の中には彼らとの接触を避けるため、北へ向かって移住していった者はいたに違いない。武力衝突に敗れて、やむなく退却した集団もあったかもしれない。しかし割合は不明ながら、和人の進出後も彼らと共存したり、生活圏を住み分けたりして、もとの土地か、その近くで暮らしつづけたアイヌ人も少なくなかったと思われる。

アイヌ人は明治時代になるまで、基本的に狩猟・採集・漁撈民族であった。これに対して、内陸部の和人はほとんどが農耕によって生計を立てていたろう。だから、隣接して集落をつくっても、そう深刻な摩擦に至ることは多くなかったのではないか。両者のあいだで土地争い、水争いは起きにくかったはずである。

もとの居住圏にとどまったアイヌ人たちは、先祖が彼らの言葉で付けた地名を使いつづけることになる。例えば、オ・サッ・ナイといえば、その意味がよくわかっていたし、実際、川尻が乾いていることに気づいて適切な名だとうなずいていたに違いない。

秋田県北秋田市阿仁笑内（おかしない）の家並み。北海道爾志郡乙部町の可笑内（おかしない）川と同音であり、「川尻に・仮小屋がある・沢」の意だとされているが、いまでは検証できない。

しかし、何十年、何百年が過ぎていくうち、だんだん周辺の圧倒的に人口でまさっている和人の影響を受けるようになる。男たちが猟に出ているあいだ、女たちが農耕に従うという生き方も現れる。物々交換を通じて交流が盛んになると、日本語をおぼえる者も出てくる。通婚も増えれば、親戚づきあいも多くなる。要するに、和人への同化が始まるのである。

そうなっても、とくに和人がめったに立入らないような人里離れた場所の地名は、アイヌ語のまま用いられつづける。地名は一種の記号でもあるので、意味がわからなくても急に忘れられることはない。そうやって、アイヌ語地名は今日に伝えられたのである。

繰り返しになるが、いま残っている東北北部のアイヌ語地名を後世に伝えたのはアイヌ人自身であった。彼らが和人の進出にともなって北方へ退却するに際し、和人に教えたのではない。そんな必要など、追われゆく民族にはなかったはずである。また、そんなことは、しようとしてもできるものではない。

前記の田沢湖生保内の長内沢や堀内沢もそうだが、ほかにも例えば、
・秋田県大館市比内町谷地中《やちなか》のタッコ馬替沢（タッコ地名の⑪）
なども、右を裏づけている。

第三章5節でも述べたように、タッコ馬替沢の周辺は第二次大戦後に立又鉱山が開発される以前は、人跡もまれな深山であった。そのうえ、すぐ前へ行っても、そこが沢であることさえよくわからないほどの細流である。こんな沢の名は現地へ行かないかぎり、伝えようもあるまい。また、教えられた方だって、おぼえていられるかどうか疑問である。

この沢の源頭には、いまの名称は不明の三角山（五七九メートル）がそびえている。アイヌ人は、この山を神聖視しており、そこから流れ出る沢だからタッコの名を付けたと思われる。その名を記憶しつづけたのも、信仰が背景にあってこそであろう。

沢の名は、たまたま五万図に書き込まれたから、いまもわれわれが知ることができるが、地形図など見る習慣のない地元の人びとには、ほとんど知られていないのではないか。

令和元年十月末、わたしがここを訪ねた折りに出会ったキノコ採りの男性も、五〇〇メートル

ばかり上流の馬替沢は知っていたが、タッコ馬替沢の名は聞いたことがないと言っていた。

4　両者の共存は明治までつづいていた

古代や中世のころ、アイヌ人と和人は生活圏を住み分けながら共存していたといっても、ほとんどの人にはピンとこないことだろう。そんなことを記した古文献も、まずないのではないか。だから、そういう指摘自体を信じない方も少なくあるまい。

それが事実であったことを示す証拠は、わたしももっていない。アイヌ語地名の分布地域と、その分析から右のように推測しただけのことである。ただし、アイヌ人と和人が江戸時代の後期から明治時代ごろまで隣接して暮らしていた事例は、東北地方の北部ではかなり豊富に確認できる。そうして、それが近世になって新たに生じたとは信じがたく、古代ないしは中世からの遺存の可能性が高いとすれば、先の仮定を裏づける少なくとも状況証拠にはなると思う。

秋田県仙北市田沢湖生保内の長内沢や、そのすぐ南の堀内沢は、日本最深（四二三メートル）の湖、田沢湖の南東五キロから南八キロくらいのところに位置している。平成二十八年十月下旬、わたしが長内沢の最寄りの堂田で会った昭和二十二年（一九四七）生まれの男性から耳にした話は、前にもひととおり記したが、もう一度、紹介しておきたい。

「これは自分が子供のころ、明治生まれの祖母から聞いたことですが、生保内の武蔵野にある東源寺の裏にアイヌ部落があったということです。何家族がいたのか、その人たちを祖母が実際に見たことがあるのかどうか、わかりません。ただ、見たわけじゃなかったとしても、時期は何百年も昔のことではなく、祖母が生きていた時代か、せいぜいそれより少し前のことじゃありませんかね。祖母の話しぶりから、そういう印象を受けました」

東源寺は、田沢湖岸から東へ四キロほど、生保内字武蔵野に現存する曹洞宗の寺院である。ここを含む五万図「田沢湖」や、その南隣の「角館」には、アイヌ語地名がとても多い。それらは、すでに詳しい住居表示とともに列挙ずみなので、ここでは名称だけを再掲出しておく。

•桧木《ひのき》内《ない》と桧木内川・浦子《うらし》内《ない》と浦子内沢・比内沢（地名と沢名）・堀内と堀内沢・相内《あいない》と相内沢・相内潟（上記の相内とは別）・小《お》波内《なみない》と小波内沢・コッベツ沢・小比《こび》内《ない》沢・生保内・同所の桧木内沢（先の桧木内沢とは別）・相内端と相内沢（既出の相内沢とは別）・生保内川・田子ノ木・靄《もや》森《もり》山・院内と院内岳（以上は「田沢湖」の分）

•堀内沢（「田沢湖」の堀内沢とは別）・小堀内沢（上記とは全く別）・広久《ひろく》内《ない》と広久内沢・入《いり》見《み》内《ない》沢・鑓見《やりみ》内《ない》・斉内《さいない》と斉内川（以上は「角館」の分。「田沢湖」と重複する地名は除いてある）

いつの時代かに、この一帯に、かなり濃密にアイヌ人が住んでいたことは明らかだといえる。その始期ははっきりしないが、終期は幕末から明治初めのころではなかったか。最後はわずかな数になり、すでに日本語が母語になっていたかもしれない。

ともあれ、堂田の男性が話したような例は決してまれではなかった。

•岩手県下閉伊《へい》郡普代《ふだい》村字堀内《ほりない》

の場合は、もう少し情報が具体的である。

堀内は、岩手県北部の三陸海岸沿いの漁業集落で、地内を全長四キロほどの「沢川」という名の小河川が流れている。沢川は固有名詞とはいいがたい。ただ、ここではほかに川がないので、そんなおざなりな名でも間に合ったのであろう。この近隣で暮らしていたアイヌ人たちは、その沢川を「ポロ・ナイ」と呼んでおり、それが「ホリナイ」の地名として残ったのだと思われる。

ポロ・ナイは字義どおりには「大きな川・沢」の意だが、実際には北海道でも東北でも拍子抜けするくらいの小河川が少なくない。ポロは、「大きい方の」「支流に対する本流の」を指すことがあり、一帯における唯一の川らしい川によく付く名である。ここも、それだと考えられる。

平成二十八年十一月中旬、わたしは堀内で会った昭和二十年代生まれの男性から興味深い話を聞くことができた。

「堀内には、小丹《こたん》という珍しい姓の家が二軒あります。その姓は普代村全体でも、ここの二軒しかありません。この人たちは、もとはアイヌ人でした。でも、もう四代か五代くらい日本人の血がまじっていますからね、いまでは普通の日本人になっていますよ。とくに髭が濃いわけでもなく、見た目もほかの住民と変わりませんねえ。わたしの妹は、その一軒に嫁いでいます」

岩手県普代村堀内の沢川。もとはポロナイと呼ばれていたと思われる。

コタンは周知のように、アイヌ語で「村、集落」を意味しているが、それはともかく、男性の理解では、その姓の人びとは四代か五代ばかり、すなわち一〇〇年か、せいぜいで一五〇年ほど前まで、自他ともに認めるアイヌ人だったとしているのである。

次は、やや漠然としているが、時代はぐっと下って第二次大戦後の話になる。

令和元年十月上旬、わたしが、
・秋田県山本郡八峰《はっぽう》町八森と同町峰浜目名潟《めながた》境の母谷山《もや》（モヤの⑥）
を訪ねたとき、五〇歳代とおぼしき男性から耳にしたことである。

「わたしの中学校の同級生に屋号を『アイヌ』という生徒がいました。その子は八森の古屋敷に住んでいましたが、いまは転居していって町にはいません」

「彼はアイヌ人のような顔立ちでしたか」

と、わたしは訊いた。そうすると、男性はしばらく考えていて、

「そうとも、いえませんねえ」

と答えた。すぐにきっぱりと否定しなかったところをみると、多少はそんな感じもあったのかもしれない。

ほんの近年まで、いや今日でも、地域によっては日常生活で盛んに使われている屋号には、由来を率直に語ったものが珍しくない。例えば、何代か前に養豚業を営んでいたために、その仕事をやめたあとも「ブタヤ」の屋号で呼ばれつづけるといったたぐいである。

特定の家に「アイヌ」という屋号が付いていた以上、それなりの理由はあったのではないか。先の生徒は、おそらく北海道からの移住者の家族ではなく、もとからこの土地で暮らしていた「本土のアイヌ人」の一例ではなかったかと思われる。彼が中学校を卒業したのは、昭和四十年

代の半ばよりも後であったことは確実であろう。

5　津軽半島北端のアイヌ村

青森県の西部で、北へ突き出した津軽半島の津軽海峡沿いには江戸時代まで、まとまった数のアイヌ人の集落が点在していた。それについて言及した文献は二、三にとどまらない。しかし、正確さと精密さでは、山田秀三氏の『アイヌ語地名の研究』1所収「津軽狄《えぞ》村戸籍の発見等」（二〇五ページ以下）が、もっとも優れていると思われる。

そこでは宝暦五年（一七五五）、津軽藩が作成した「津軽外浜後潟組狄御改覚《おぼえ》也」と題した、実質上の「戸籍」が紹介されている。同文書によると、当時、津軽半島北岸の東から順に奥平《おくたいら》部《べ》、袰月《ほろつき》、大泊《おおどまり》（以上、現東津軽郡今別町）、松ヶ崎（現在の増川のあたり）、六條間《ろくじょうま》、藤嶋、釜《かま》野沢《のさわ》、宇鉄《うてつ》（以上、現東津軽郡外ヶ浜町三厩《みんまや》）の八ヵ所に三九戸、一三五人のアイヌが暮らしていたという。この資料の発見者は山田氏の同好の友人、村上信雄氏で「昭和三十四年か五年」のことだった。

津軽半島のアイヌのことは、津軽藩が編纂した『津軽一統誌』（一七三一年刊）の寛文九年（一六六九）の記事にも見えている。そこに出てくる「狄村」は、さらに広い範囲に及び半島北岸の東の端から西の端までの海岸沿いに、ほとんど隙間なく散在していた。ただし、戸数は全部で四二にすぎなかった。

このほかの資料によっても、江戸時代、現在の青森県には津軽半島のみならず東の下北半島にもアイヌが居住していたことが確実である。彼らがアイヌ民族であったことは、津軽藩などの公式記録に狄村とあること、記録に残るカプタイヌとかヘキリパなどの名前、寛文九年に北海道シベチャリ（現日高郡新ひだか町静内）のアイヌの首長、シャクシャインらが蜂起した乱の鎮圧に津軽のアイヌが「通訳」として駆り出されていることなどの事実から間違いないといえる。

これらは津軽海峡に面した、晴れた日なら北海道が近々と望める沿岸部の話である。しかし青森県には、もっと南にもアイヌが遅くまでいた。次も山田氏の前掲書からの引用である。

・青森の村上さん（前記の村上信雄氏のことであろう）は、「三内《さんない》（現青森市三内＝引用者）にアイヌ部落があったが、爺さん婆さん二人きりになり、どうにもならないので、北海道の白老《しらおい》（現白老郡白老町）に行った。明治初年のことらしい」と話された。

・貝森格正さんは、「東田沢（現東津軽郡平内《ひらない》町東田沢、陸奥湾に突き出した夏泊半島の北岸）にアイヌがいたが、爺さん一人になり、北海道の平取《びらとり》（沙流郡平取町）辺に行った。明治十三年（一八八〇）のことで、これが最後のアイヌだった」と語られる。

貝森氏の談話にある「最後のアイヌ」が、どこを対象にしてのことかはっきりしないが、あるいは「青森県では」の意だろうか。

明治から昭和前期にかけての歴史家、喜田貞吉《きたさだきち》は『喜田貞吉著作集9　蝦夷の研究』一一六ページ以下で、右とは場所、時期とも少し違う「最後のアイヌ」を紹介している。

・昭和十二年（一九三七）三月、青森市で古老から聞いたところによると、いま知りうる津軽アイヌ遺存の最後は明治九年（一八七六）であった。野辺地町の西の小湊在に東滝《ひがしたき》（現東津軽郡平内町東滝）なる部落がある。ここのアイヌの貝原与三郎は明治九年に明治天皇が奥羽ご巡幸の際、路傍で鹵簿《ろぼ》（行幸の行列）を拝し奉り、それを名残りとして北海道古平《ふるびら》（現古平郡古平町）の同族を頼って移住したという。

喜田は、東滝が慶安年間（一六四八—五二年）の『津軽絵図』にも「明らかに狄村とあるところ」だと付記している。東滝は、先の東田沢と同じ夏泊半島に位置しているが、南東へ七キロばかりの東岸になる。

青森県今別町袰月の遠景。江戸時代にはアイヌ集落があった。

二人の報告から考えて、青森県には明治の初めごろまでアイヌが住んでいたことを疑うべき理由は、ないといってよいと思う。それでは、彼らはいつ本土へやってきたのだろうか。これはなかなかの難問であり、のちに改めて取上げるつもりだが、いまは次の事実だけを記しておきたい。

•寛文九年（一六六九）、シャクシャインらが蜂起した際、津軽藩は藩内のアイヌを通訳として北海道へ派遣しているのだから、遅くとも一七世紀の半ばにはアイヌは津軽半島へ移住していた。

•喜田の前掲書によると、天文年間（一五三二—五五年）の『津軽郡中名字』には、綱不知《つなしらず》とホロツキとのあいだに、「夷」と書いてオコタラベと傍訓してあるという。オコタラべは現東津軽郡今別町奥平部《おくたいらへ》、ホロッキは同町袰月、綱不知は奥平部の綱不知であり、前二所は『津軽一統誌』などの資料に見える江戸時代の著名なアイヌ村であった。少なくとも、奥平部は一六世紀半ばすでにアイヌの居住地だったことがわかる。

6　近代、岩手県にもアイヌはいた

喜田貞吉（一八七一―一九三九年）は歴史学者ではあったが、その枠におさまりきらないところがあって、現地取材や現場での聞取りを重んじる傾向が強かった。アイヌに関心を抱いたあとは、古代、中世の文献を博捜するかたわら、本州における近世、近代のアイヌについても注意をはらいつづけていた。以下で紹介する岩手県の事例は、すべて『喜田貞吉著作集9　蝦夷の研究』または『同集14　六十年の回顧・日誌』（ともに平凡社）からの引用である。

・岩手県二戸郡出身の東北帝大講師、田中館《たなかだて》秀三君によると、田中館君が子供の時分に、乳母とも子守ともして面倒を見てくれた婦人は、二戸郡石切所《いしきりどころ》村のアイヌの娘であり、その父親は長鬚をはやした立派な風采の男で、妻はその夫に対してアイヌと呼称していたという。明治二十年（一八八七）ごろのことである（著作集9の一一六ページ以下）。

右の「石切所村」は現二戸市石切所のことで、二戸郡一戸町高善寺の茂谷《もや》（山の名、三八三メートル。モヤの⑤）から北へ六キロほどに位置している。

田中館秀三氏は明治十七年（一八八四）、石切所村の北隣、福岡町の下斗米《しもとまい》家に生まれた地質・火山学者で東北大学地理学科の創設に力を尽くした。同郷の地球物理学者、田中館愛橘《あいきつ》の養子となったので、その姓を名乗っていた。

喜田が田中館氏からこの話を聞いたのは、昭和十二年（一九三七）ごろであったと思われる。とにかく、内容が具体的であいまいさがない。明治の半ばごろ、石切所にアイヌ人が住んでいたことは間違いあるまい。次も田中館氏からの伝聞である。
・田中館君が小学校在学のころ、教員に引率せられて同郡福岡町の区裁判所へアイヌの公判を見学に行かれた。事件は二戸郡在住のアイヌの父子が山へ狩りに行った際、子が誤って親を射っ《ママ》たという過失傷害罪であった。この家族は、もと二戸郡にいたのだったが、いったん北海道へ移住し、のち再び郷里へ帰ってきたために、北海道育ちの子供の方は日本語が十分にできない。そこで公判に際し、被害者が被告の通弁をしたというのである。明治二十五、六年のことであったと推定せられる（著作集9の前項と同所）。
岩手県二戸郡には当時、少なくとも二家族のアイヌが生活していたことが知れるが、それぞれが、たとえ小さくともコタン（集落）の一員であったのか、それとも和人のあいだで孤立して暮らしていたのか、はっきりしない。しかし、三陸海岸沿いにはアイヌのコタンが存在していたようである。
・九戸郡の小袖《こそで》と久喜《くき》の住民は他と婚姻を通ぜず、目の色が黄色であるとか、女は老幼とも赤い布をつけているかして、自他ともにアイヌの後裔と認めているという（著作集14の三八八ページ）。
小袖（現久慈市長内《おさない》町小袖）も久喜（同市宇部町久喜）も、久慈市街南東の太平洋に面した集落である。喜田は昭和五年（一九三〇）一月、両集落について現青森県八戸市の知人から報告の手紙を受取っている。そこには、「久喜は久慈のあたりではアイヌ、アイヌと特殊に扱われ、そのため結婚などは小袖とのあいだでのみ行われるらしい」旨が記されていたという（著作集9の四四六ページ）。

さらに、盛岡市の橘正一という人からの手紙には、

・稗貫《ひえぬき》郡花巻町（現花巻市）の西の方の在に、ツチヤマキ（穴居族の血統）といって、アイヌの遺孽《いげつ》があるとのことですが、場所が明らかでないのは遺憾です。

とあったそうである。

花巻は、岩手県でもすでに南部に近い。時代も正確な場所も不明ながら、これほど南方にも、さして古くないころまで周囲からアイヌと考えられていた人びとが住んでいたということではないか。

なお、マキは同一の血族集団を指す言葉で、ツチヤは漢字で書けば「土屋」すなわち土づくりの住宅とでもいったほどの意味であろう。近代になってもアイヌが穴居生活をしていたはずはなく、軽侮の意を込めてそう呼んでいたのだと思われる。

山田秀三氏も喜田貞吉も、秋田県における近世、近代のアイヌの記録は残していないようである。しかし、わたしがたまたま耳にしただけでも、

・仙北市田沢湖生保内字武蔵野の「アイヌ部落」

・山本郡八峰町八森字古屋敷の「アイヌという屋号の家」

などの例があり、おそらく秋田県でも事情は変わらなかったろう。

それどころか同県には、すでに周囲からアイヌとは考えられなくなっていたが、その言語や生業のあり方、居住地に残るおびただしいアイヌ語地名などから、アイヌの末裔だとみなしうる集団が二〇世紀に至るまで、かなり大量、広範囲に存在していた。「マタギ」の名で知られる職業猟師たちである。

マタギについては、次に一章をもうけて取上げることにしたい。

【コラム】⑦　同じ音の小さな地名を比較する

旧国名の「武蔵国」は、現在の東京都（ただし島嶼《とうしょ》部を除く）、埼玉県のほとんど、神奈川県の北東部を指す呼称であった。「ムサシ」という妙なひびきの音と、とてもそうは読めない漢字が宛てられていることもあって、その語源について江戸時代からさまざまな説が提起されてきた。研究者によるものだけでも、あれこれ一〇以上もあるのではないか。その中には、起源を日本語以外の言葉に求めた指摘もある。

アイヌ語を例にとると、「静かな傾斜に白波が寄せる所」（アイヌ研究者のジョン・バチェラー）、「草の野原」（もと国際日本文化研究センター研究員のアレキサンダー・ヴォヴィン氏）などが挙げられる。ヴォヴィン氏の場合でいえば、アイヌ語ムン・サ・ヒ（草の草原）がムン・

サ・シになり、武蔵のより古い音ムザシへ変化したとし、「武蔵は東京に変わる以前は、日本で一番大きい草の野原だったに違いない」と述べている。アイヌ語での解釈と、土地の状況が一致するとしているのである。

たしかに、広い武蔵国の中には大きな草原もあったろう。また、バチェラーが言うように、静かな傾斜に白波が寄せる所もあったろう。だが、どんな解釈をしても、それに合致する場所は見つかるに違いない。

武蔵国が令制国の一つとして成立したのは早ければ大化元年（六四五）の大化の改新の際、確実なところでは大宝元年（七〇一）の大宝律令制定時であった。そうして、そのときすでに、先に記したような広大な範囲を指していたのである。元来はおそらく、そのどこかの特徴をとらえてムサシとかムザシと呼んでいたと思われるが、それがどこかわからない。だから、この種の大地名は結局、由来を突きとめることは難しいといえる。無理に試みても、こじつけにしかなるまい。武蔵にかぎらず、旧国名の大部分がこれである。

地名の意味や語源を調べるには、一般に狭い区域を指す地名（小地名）をえらぶことが欠かせない。対象が広すぎると、どんな結論でも出せるからである。さらに小地名であっても一ヵ所だけでは同じことになる。既述の、

• 宮城県石巻市桃浦と牡鹿郡女川町《おながわ》高白浜《たかしろはま》境の大六天山《だいろくてん》をアイヌ語タイ・ロク・テムが原名だとし、「頂上にある森林を遠くから望むと、匍《は》いさがるように見える」の意だとする解釈など、その典型である。

わたしの住まいに近い、

・茨城県取手市小文間《おもんま》の第六天山

も、第（大）六天信仰によって付いた名である。この林中の神社はもと第六天社といっていたが、明治初年の神仏分離の際、面足《おもたる》神社と名を変えて現在に至っている。

茨城県取手市小文間の面足神社。江戸時代までは「第六天社」といった。

神社の所在地は、幕末に赤松宗旦《そうたん》が著した『利根川図志』などにも「第六天山」と書かれている。しかし、実際は丘と呼ぶのもはばかられるような微高地にすぎず、いまでも林におおわれているものの、およそ「森林が簡いさがる」（この表現自体、意味不明だが）といった眺めではない。

地名の起源研究の基本は、同じか近似の音をもつ小地名を、少なくとも数ヵ所以上えらび、できれば現地に足をはこんで比較し、その共通点をさぐる、この方法しかない。これをしないと、ただの言葉あそびで終わってしまうだろう。

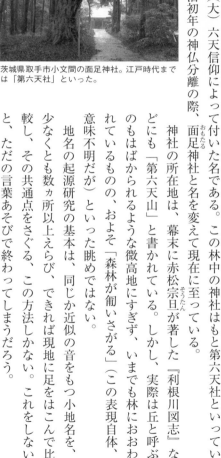

第八章　マタギはアイヌの末裔である

1　山言葉の中のアイヌ語

「マタギ」という言葉は今日、普通の日本語として通用しているといってよいだろう。その意味するところは猟師を核とし、これに加えて「東北地方にいる、あるいはいた」とか「とくに熊狩りに従った」「雪山を超人のように駆け巡る」などのイメージを浮かべる人も多いのではないか。中には、どこに住んでいるかにかかわりなく、単に職業的猟師のことだと考えている方もいるかもしれない。ちなみに、『広辞苑』では、「東北地方の山間に居住する古い伝統を持った狩人の群。秋田またぎは有名」と説明されている。

マタギとアイヌの関連について、わたしは既刊の拙著『アイヌ語地名と日本列島人が来た道』で二章にわたり取上げている。ここで再び同じ問題に言及する以上、かなりの重複を避けがたいが、できるだけ「マタギはアイヌの末裔である」という本章の論旨に沿うような話を中心に記述することにしたい。

まず指摘すべきは、マタギの「山言葉」には、知られているだけで数十語のアイヌ語が含まれていた事実である。山言葉とは、彼らが獲物を求めて山に入っているとき、いや家を出た直後から使うことになっていた一種の隠語である。それは里では口にせず、逆に山では、この隠語のみで話をしなければならなかった。第二次大戦前には、それがきびしい掟とされていて、たとえただの不注意からであっても、里言葉を用いた場合は、寒中に水垢離《みずごり》をとらされるなどの過酷な制裁が待っていた。

山言葉の中に、どんなアイヌ語があったのかは、民俗研究者たちの諸種の著述に紹介されている。いずれも、採集地は原則として秋田県、一部が青森県などである。いくつかを以下に引用させていただく。

マタギの正装をした男性（秋田県北秋田市阿仁打当「マタギ資料館」の展示写真より）。

・柳田國男・倉田一郎編『分類山村語彙』（一九四一年、信濃教育会）には、「ワッカ（水）」「セタ（犬）」「シャンベ（心臓）」の三語が挙げられている。これがアイヌ語と発音、意味とも一致することは、各種のアイヌ語辞典に照らして明らかである。

右については、地域によってセタはシェタ、セダ、シャンベはサンベとする報告もあるが、アイヌ語には清音、濁音の区別がなく、またサ行音とシャ行音も区別しないので、いずれもアイヌ語であることは間違いない。

•動物作家で、戦後における代表的なマタギ研究者だった戸川幸夫氏は『マタギ』（一九六二年、新潮社）の中で、猫を意味する「チャベ」の語が「現在もこの地方（現秋田県北秋田市阿仁＝引用者）で使われている」と書いている。『萱野茂のアイヌ語辞典』には「チャペ　猫」と見えるが、アイヌ語ではぺもべも同じである。

•柳田國男門下の民俗研究者、後藤興善氏は『又鬼《またぎ》と山窩《さんか》』（一九四〇年、書物展望社）で次のように指摘している。

「奥の山言葉にアイヌ語の混じてゐることは注意せられる。ワッカはアイヌ語であることは真澄《ますみ》（江戸後期の旅行家・民俗学者、菅江真澄のこと＝引用者）が既にいつてゐるが、金田一氏（金田一京助氏のこと）によると、日、月をトンピーといふのはアイヌ語のトッピーであり、曲げ物を大小によつてオーガッチョー、コガッチョーといふがカチョーが矢張りアイヌ語である。木をツグイ（秋田ではツクリ）といふが、アイヌ語のチクニの訛音であり、頭をハッキといふが蝦夷語のパッキーである。帯や縄をシナリといふが、結ぶといふ意味のアイヌ語シナから来たと考へられる。大きいといふ形容詞をホロンダといふが、アイヌ語のポロから来た形容詞であることは明らかである」

　右のうち、「アイヌ語のトッピー」とあるのはトンピのことではないか。萱野茂氏の辞典では、トンピは「光」の意となっている。後藤氏の指摘のほとんどは金田一氏の教示によると思われ、後藤氏の文字表記に多少の問題はあるかもしれないが、大筋としては妥当のようである。

•現秋田県仙北市角館《かくのだて》町で生まれ育ったマタギ研究者、太田雄治氏の『マタギ』（一九七九年、翠楊社）には多数の山言葉が記載されており、アイヌ語に由来すると思われるものも少なくない。

そこではオオガッチョ、コガッチョは、それぞれ「飯椀」「汁椀」となっている。シナリは「麻ナワ」、ツクリは「蔓編《つるあ》みの大袋」だという。ワッカは「水」だが、これからの派生語としてワカ（雨）、ワカブタ（笠）、ワカムグリ（魚）、キヨワカ（清酒）、ニゴリワッカ（ドブロク）などが見える。

この本には出所を示さない転用が非常に多く、右の例もだれか別の研究者が別の場所で語っているいることかもしれない。
・秋田県出身の武藤鉄城氏はマタギ研究に先鞭をつけただけでなく、他を圧する業績を残した民俗研究者であった。死後に出版された『秋田マタギ聞書』（一九六九年、慶友社。のち河出書房新社から『マタギ聞き書き』として再刊）には、ホロ（たくさん）、ホロセタギ（又鬼のうち主だった者）、セタギ（セタは又鬼に同じ。それに似ているのでセタギ）、ハケガシラ（解剖してからの頭）などが紹介されている。
ホロはアイヌ語ポロの日本語化であり、「大きい」のほかに「多い」の意がある。ホロセタギは「大きいセタギ（マタギ）」が原意であろう。アイヌ語の「大きい」「多い」の両義とも伝わっていたことがわかる。セタは元来は「犬」を指すが、マタギはいつも犬を連れていたので、それがマタギ自身に転用され、さらにマタギの「ギ」と合体してセタギの語がつくられたと思われる。ハケガシラのハケはアイヌ語パケ（頭）に対応し、それに日本語のカシラをくっつけて「解剖してから」という限定した意味にしている。
これらの事実は、マタギなる集団がアイヌ語を知っていたことを明白に裏づけている。

2　マタギは、なぜアイヌ語を知っていたか

後藤興善氏らの報告は、金田一京助氏を「驚倒」させる。

金田一氏は、昭和十三年（一九三八）に発表した「山間のアイヌ語」（二〇〇四年、平凡社刊『古代蝦夷とアイヌ』に所収）の中で、「実に、この裏日本の山詞に、まだまだアイヌ語の残存の拾われることは、驚くべきことである」と述べたうえ、その理由について二つの可能性を指摘している。

「第一に考えられる事は、この地方の山間の猟師の人々は、実際先住民の子孫であるからであろう」と「第二に考えられる事は先住民との接触、殊に職業的交渉から、その影響に由る残存ではないかということである」の二つである。

金田一氏自身は、「体質上に格別の相違が無いとすると、この考え方（右の後者＝引用者）が寧《むし》ろ可能性がある」との見方をしていた。これは、マタギに会って話を聞いた後藤氏らが、「風貌のアイヌそっくりであるという様な印象」を受けなかったらしいことによっている。

ただし一方で、氏は「全部がアイヌの後裔でなくっても、なおアイヌ語を混じて使うこともあったであろうことは想像しがたくない」とも記しており、マタギの先祖がアイヌ語使用者であった可能性も想定していたようである。

わたしは文句なしに、右の第一すなわちマタギはアイヌ民族の直接の子孫だとの立場をとっている。もちろん、彼らはすでに形質的にはアイヌの特徴をほとんど失っていたろう。何十世代にもわたって、少しずつ、あるいは時代によっては多量の和人の血をまじえた結果、見た目では平均的な和人とそう大きな違いはなくなったのである。

わたしが「直接の子孫」と言ったのは文化の面、つまり民族としての特質についてである。民族を考える場合、最も重要な観点を一つだけ挙げるとすれば、言語になると思う。卑見では、マタギの先祖はアイヌ語を母語としていた。だからこそ、彼らの山言葉にアイヌ語が含まれていたのである。

既述のように、東北地方の北部には幕末から明治のころまで、自他ともにアイヌ人だと認識している人びとが少数ながら暮らしていた。そこに分布する数百を超すことが確実なアイヌ語地名から判断して、古い時代にはもっと多くのアイヌ人が居住していたろう。マタギと呼ばれる職業猟師たちは、もとから和人だったが、彼らとの接触、交流を通じてアイヌ語を知ったということはありえる。山言葉は隠語でもあるから、ほかの者には耳遠いアイヌ語をあえて残していたとしても不思議ではないかもしれない。

しかし本土で、非日常の会話であったにしろ、二〇世紀に至るまでアイヌ語を使いつづけていた集団の存在は、きわめてわずかな数のアイヌ人を別にすれば、マタギ以外には全く知られていない。

さらに、マタギは江戸時代までの北海道アイヌと同質の狩猟・採集・漁撈民であった。職業猟師なら、全国どこでもそうだったのではないかと思う人もいるだろうが、秋田あたりのマタギと他地方の猟師とのあいだには決定的な違いが存在した。例えば、

・秋田県北秋田市阿仁根子《ねっこ》

は、昭和十一年（一九三六）当時で戸数八五、ほぼ全戸が狩猟を生業としていた。男たちは実質的に一人残らず狩猟に従っていたのである。そうして、猟期外の夏場には多くの男性が行商に出た。商品は熊の胆《い》や脂《あぶら》、猿の内臓、頭部の黒焼きなどの薬類と、さまざまな動物の毛皮を主とし、その足跡は北はカラフト、西は朝鮮半島、南は台湾にまで及んでいた。この狩猟と行商（古くなら農耕民との交易）という二本立ての生業も、中世から近世へかけての北海道アイヌにそっくりであった。

秋田県北秋田市阿仁根子を遠望する。すり鉢状の盆地に現在、100戸弱の民家が密集している。

村を挙げて、とくに冬場は男たちが野生動物を追う暮らしをしていたところは、西日本にも珍しくなかった。だが、全戸がそれを主たる生業にしていた集落というのは、例がなかったのではないか。一部の職猟師を除いて、ほとんどが別に正業をもっていたのである。その辺を実例を通してみておきたい。

・高知県吾川郡いの町寺川《てらがわ》（旧土佐郡本川村寺川）

は、四国山脈脊梁直下の草深い山村で、集落のほとんどが

標高八〇〇―九〇〇メートルに位置している。ここに高知城下住まいの下級藩士、春木繁則が山廻り役人として赴任したのは、寛延四年（一七五一）の早春のことであった。春木の『寺川郷談』は、それから一年ほどにわたった任期中の経験と見聞を記した書簡形式の記録である。そこに出てくる狩猟関連の記事を要約すると、おおよそ次のようになる。

・田屋《たや》（出作り小屋）では、昼はあれこれと働き、夜は鹿を追って夜もすがら寝ない。昼でも終日、猿を追って過ごすこともある。背中にカモシカの毛皮を着た男もいれば、それを腰布に用いる女もいる。

・自分が赴任した年は十月（陰暦）末から雪が降りはじめ、その冬は大猟で、寺川と隣の越裏《えり》門《もん》とで猪、鹿、カモシカ、熊を合わせて三〇〇頭余り捕った。だから、旧冬から翌正月までは飽きるほど肉を食った。

・手足の肉はイナキ（稲架）に架けておき、明け暮れ犬といっしょに食らう。犬は一戸で五匹も七匹も飼っていて、座敷へ上げている。

寛保三年（一七四三）の「郷村帳」によると、このときの寺川の戸数は二〇、人数一五二、越裏門は戸数三〇、人数二五七であった。計五〇戸で、一冬に三〇〇頭を超す大型獣を捕獲していたことになる。特別な年だったかもしれないが、一戸平均で六頭だから、一家全員に犬を加えて来る日も来る日も肉また肉であったろう。

当時、寺川には猟銃が七丁、越裏門には三三丁あり、越裏門では猟師一九人がいたとなっている。寺川に猟師の記載がないのは、この村は年貢を免除される代わりに伊予（愛媛県）境の警備役（実際には森林盗伐の監視）を命じられており、それが村人の正業だとされていたからだと思われる。

一方、越裏門は戸数よりも多い猟銃の所持を認められていたうえ、「猟師」に分類される者が一九人もいた。これだけを取上げると、マタギの村とほとんど変わるところがないではないかと考える方もいるに違いない。

しかし、両者には根本的な相違がある。江戸時代でも、とくに秋田のマタギは猟稼ぎと行商・交易に他国まで出かけていたのに、越裏門あたりの猟師は藩外はむろん、藩内をも歩いていた形跡がない。猟期外の夏場は地元で山百姓として働いていたのである。その本質は農民であった。たまたま周辺に深山が広がっており、獲物が豊富にいたから、すなわち、狩猟を主たる稼ぎにする住民が存在できたまでのことである。

西日本はもちろん、東北地方の南部や甲信越の山間の村々には、集落の全戸が狩猟によって生計を立てていたところなど、少なくとも中世以後には皆無だったのではないか。

これに対して、マタギは狩猟と、それに伴う行商・交易だけに頼って生きる民であった。その生活ぶりは、狩猟・採集・漁撈民の伝統を守りつづけて近代に至った集団だといえると思う。

3　マタギは東北北部にしかいなかった

職業猟師のことを「マタギ」と呼んだり、山言葉の中にいくつかのアイヌ語をまじえて使う猟師たちがいる地域は、東北地方の北部に限られてはいなかった。

この点については、精粗さまざまな報告がかなり多数あるようで、全容を把握するのはなかなか難しい。わたしが気づいた範囲でいえば、それは東北南部の山形県、福島県、中部地方の新潟県、長野県、富山県などの山間集落の相当数に及んでおり、中には栃木県の北部山村を挙げている資料もある。その総数は、細かくひろうと五〇か六〇もしくは、それ以上になるのではないか。

・山形県西置賜《おきたま》郡小国町小玉川《こたまがわ》（長者原）

も、いまでは「マタギの里」として知られ、地内にはやや大げさな言い方をすれば、「マタギ」の言葉があふれている。訪ねていったら、すぐマタギの文字を目にすることだろう。

しかし、ここの場合は昭和六十年（一九八五）ごろ、地元の旅館「泡の湯温泉」の経営者、舟山鉄四郎さん（一九二五年生まれ）らが音頭をとって、観光による村おこしを計画し、そのキャッチフレーズに選んだのが「マタギの里」であった。集落は飯豊《いいで》山（二一〇五メートル）の北麓に位置する山間地で、その秘境性を売りにしようとしたのである。

昭和六十一年秋、わたしがマタギなる言葉の分布域を調べるため長者原を訪れた際、舟山さんは聞取りに対し、

「この辺では、もとはマタギという言葉は使っていなかった。リョウシと言っていた。最近、マタギの里で売り出すことになり、それでピーアールにマタギと言いはじめた」

と答えている。

舟山さんが、狩猟のことなら、この人に聞くとよいと教えてくれた同じ長者原の藤田俊雄さん（一九一二年生まれ）も、

「ここでは猟師のことは、リョウシとかカリウドと言っていた。マタギという言葉は近ごろ使いはじめたものだ。昔は、そんな言い方はしていなかった」

と明言していた。

ところが、観光用の言葉として導入される以前、小玉川（長者原）の狩詞《かりことば》の中にマタギなる語があったとする報告が存在する。佐久間惇一氏の『狩猟の民俗』（一九八五年、岩崎美術社）八二ページ以下によると、猟師（マタギ、ヤマゴ）、子供（コマタギ）、女の児（ヒラマタギ）の例が挙げられている。のみならず、頭（ハッケ、バッケ）、細引（シナリ、シナイ）の山言葉まで使われていたというのである。ハッケ、バッケは明らかにアイヌ語パケ（頭）からの、シナリ、シナイもおそらくシナ（結ぶ）からの借用であろう。小玉川にも、マタギなる言葉や、アイヌ語の痕跡が残っていたと考えるほかあるまい。

ただ、それは使用者も使用範囲も、きわめて限られたものであり、明治末年生まれで狩猟の経験も豊富だった藤田俊雄さんのような人でさえ、すでに耳にする機会がなくなっていたのだと思われる。つまり、マタギという語に関しては、かつてたしかに用いられていたが、いったん忘れられたあと再び復活したことになる。

山形、福島、新潟、長野、富山各県などのマタギ村とされる集落では、やはり「マタギ」の語と、アイヌ語に由来することがほぼ確実な山言葉が研究者によって採集されている。したがって、これだけを見ると、それぞれが古くは例えば北秋田市の阿仁根子などと同種のマタギ村だったと判断されがちになる。

しかし、やや詳しく観察すれば、そういうことではないらしいことがわかる。研究者の報告には、しばしば「秋田の猟師が、ここへ熊狩りの方法を伝えた」「冬になると秋田の衆がやってきて、この村の者を雇って猟をした」「秋田のマタギが毎年、猟に来ていた。何人かは、ここに住みついた」などの話をともなっているのである。中には、移住をはっきり確認できるところもある。

・新潟県中魚沼郡津南町と長野県下水内《しもみのち》郡栄村にまたがる秋山郷

長野県栄村小赤沢の「秋山郷民俗資料室」に復元されているマタギの部屋。

・新潟県南魚沼郡湯沢町三国字二居《ふたい》

などもそれで、江戸時代に秋田から移住してきたマタギが、それぞれに複数いて名前も今日に伝わっている。

要するに、山形県より南のマタギ村とされるところに残っている（あるいは残っていた）マタギなる語やアイヌ語の山言葉は秋田マタギが持ち込んだもので、もとから存在していたのではない可能性が高い。

その証拠に、これらの地域には「秋田マタギが来ていた」という伝承ばかりがあって、そこの猟師が秋田はもちろん、どこか他地方へ出かけていたとの話も報告も、わたしは全く見聞したことがない。全戸こぞって職猟師の村というのもなかったらしく、行商で他県へ行っていた形跡もない。周辺にアイヌ語とおぼしき地名も見当たらない。秋田あたりのマタギ村とは、まるで様子が違うのである。

逆に、秋田県の北秋田市や仙北市には、地元のマタギたちが東北南部や中部地方の山岳地帯へ猟稼ぎに出かけていたとの話も、それを裏づける文献も少なからず知られている。山形以南のマタギ文化は結局、秋田から移植されたものだと考えた方が全体につじつまが合うように思われる。

4 「マタギ」もアイヌ語の可能性が高い

どんな概念でも、まずそれを指す言葉の原義を明らかにできれば、その意味の半分以上は突きとめることができるといって過言ではあるまい。マタギは、かつてはほとんどの日本人に耳遠い言葉で、そのひびきも特異であっただけに、原義についていくつもの説が提起されてきた。

• 江戸中・後期の大旅行家・民俗学者の菅江真澄（一七五四―一八二九年）は、マダ（シナノキの東北方言。木の皮から繊維をつくる）の皮をはぐと称して禁制の山へ入り猟をしたから、マダハギがつづまってマタギの名ができたと説いていた（『菅江真澄遊覧記』中の「十曲湖《とわだのうみ》」）。

• 津軽藩士の比良野貞彦（一七九八年、六〇歳くらいで死去）によると、米の量を計るときひとまたぎ、ふたまたぎと跨いだからという（著書『奥民図彙《おうみんずい》』）。

• 柳田國男は、東北地方のマタギが所蔵する巻物の中に「山立由来記」と称するものがあり、山立《やまだち》は「マタギの旧名」だったとしている。ヤマダチが語源だと示唆していたとも受け取れるが、「帰するところを知らぬ」と断言はひかえていた（『分類山村語彙』など）。
・柳田門下の民俗学者、宮本常一氏は「又になっている木の枝を使用して獲物を追ったことから、マタギというのは又木から来ていると思う」と述べている（『山に生きる人びと』）。
・戦前から戦後にかけての三〇年間、秋田のマタギたちを取材しつづけた武藤鉄城氏によると、マタギたち自身は「山の峰を跨いで行くからマタギだ」「木の股から生まれたからマタギ（股木）だ」などと説明していたという（著書『秋田マタギ聞書』）。
・その武藤氏は、「マタギは印度の屠殺業者として卑められた賤民マータンガ（男）、マータンギ（女）の名称から出ているのではないかと思う」と考えていた（前掲書）。

右のどの説も、わたしには首肯できない。卑見では、マタギはアイヌ語を語源にするというより、アイヌ語そのものである。これは、明治から昭和前期にかけての歴史家、喜田貞吉の立場に近いが、そう考える理由に多少の、あるいは相当の違いがある。以下で順序を追って説明しておきたい。

まず、アイヌ語に通じていた人びとによる指摘を挙げることができる。

『萱野茂のアイヌ語辞典』には「マタンキ　猟」とあり、アイヌ語には清濁の区別がないのだから、マタンギともなるはずである。その音はマタギにごく近い。また、田村すず子氏の『アイヌ語沙流《さる》方言辞典』は、「マタンキ・ネ・エパイェ」の句を「狩人になる」「またぎ（狩猟）に行く」の意だとしている。さらに、アイヌ文化研究家、更科源蔵氏の『アイヌと日本人』（一九七〇年、日本放送出版協会）には、「狩猟《またぎ》が好きで」とか「十七のときから狩猟《またぎ》をした」といったアイヌ人からの聞取りが紹介されている。

北海道のアイヌ語に、狩猟または猟師を意味するマタンキ（マタンギ）ないしはマタギなる言葉があったことは明らかであろう。それは、カラフト（現ロシア領サハリン）のアイヌ語にも及んでいた。

武藤鉄城氏は、マタギの語源調査のため「大阪の山本祐弘氏」（建築史家でカラフト文化研究者＝引用者）に手紙を出して次のような返事を得ている。

「お尋ねの樺太のオロッコも狩猟に出ることを〝マタギに行く〟と申しております。勿論彼等の言葉（このあとに「では」が脱落か＝引用者）なく、樺太アイヌもマタギといい、日本人もマタギに行くといい慣わしていて、当時〝マタギ〟は普遍化した日本語となっていたようですから、〝オロッコもまた狩猟のことをマタギという〟と学問的に考えるのは当らないと思います」

これによって当時（山本氏がカラフトにいたのは昭和十年代半ばのことである＝引用者）、カラフトの日本人、アイヌ人、オロッコ人たちのあいだに狩猟を意味するマタギなる言葉があったことがわかる。ただし、山本氏はオロッコに関しては、その固有語ではなくアイヌ語か日本語からの借用だと考えていたのである。なお、オロッコはツングース（固有満州民族）の一派で、この呼び方はアイヌ人によるものであった。今日では、彼ら自らの呼称にしたがって、ウィルタと称されている。

ともあれ、第二次大戦前すでに北海道とカラフトにマタギ（マタンキ）の語があったことは、確実だといってよい。それは主としてアイヌ人たちのあいだで使われており、語義はどちらかといえば、猟師より狩猟にあったように思われる。

戦後の研究者のおおかたは当然、右の事実に気づいているに違いない。それでいて、マタギの語源をアイヌ語に求める人たちが少ないらしいのは、この言葉は日本語からアイヌ語に移されたものだと推測しているからであろう。しかし、そうだとしたら、説明が困難な事実がある。

いま仮に、マタギが日本語起源だと仮定してみる。その場合、最も広くとった報告によっても、東北地方のほかでは新潟、長野、富山あたりのごく一部でしか採集されていないのだから、その発生地は東北のどこかである可能性が高いといえる。

そうして、北へ向かってはどんどん波及していって北海道を横切り、ついにはカラフトに達していたことになる。ところが、南へはせいぜいで富山県の山間地を限りに、そこから先へは伝播した形跡がない。北へは二つの海を越えていったのに、南の陸つづきには、さして遠くないところまでしか伝わっていない。これは、いかにも不自然ではないか。

しかも、古くからマタギの名で呼ばれていた秋田周辺の猟師たちは、東北南部や中部の山村へ猟稼ぎに出かけていた。それらの地方へマタギ文化を移植する機会が十分にあったのである。一方、秋田の猟師が猟場を求めて北海道やカラフトへ遠征していた事実は知られていないのではないか。それを考えると、日本語起源説の不審は、いっそう強くなる。

逆に、マタギがアイヌ語だとしたら、そのあたりはすっきりと理解できる。マタギの原義が「狩猟」だったらしいことも、これを裏づけている。アイヌにとって、狩猟は主要な生業の一つなので、当然それを指す言葉はなければならない。だが、猟師ことに職業猟師など存在しなかったはずである。男ならみな、「職業猟師」だったはずだからである。もし、それを指す言葉があったとすれば、「男」と同義になっていたろう。

ただし、右に述べた考え方の障害になる事実が少なくとも一つある。四国の一部に狩人を意味する「マトギ」なる語があったことである。柳田國男、倉田一郎編『分類山村語彙』には、「マトギ」を説明して次のように述べられている。

「東北で狩人を謂《い》ふマタギといふ語と、もとは一つであつたと考へられるが、四国だけに遺つてゐるこの語は狩猟のことである。土佐では既に文化十四年（一八一七年＝引用者）の鹿持《かもち》氏（土佐の国学者、鹿持雅澄＝引用者）採集に、幡多《はた》郡でシシガリをマトギと謂つた旨見えてゐるが、今も十川《とおかわ》あたりでこの語を聴くことが出来る。四国山脈よりの檮原《ゆすはら》でもマトギは郷土男子の秋から冬への楽しみの一つと数へられてゐた（村誌）。伊予の宇和の山地にもまだこの詞《ことば》は弘く使はれてゐるらしい（旅と伝説八巻一号）。瀬戸内海に面した地方ではもう耳にすることもないが、讃岐あたりでさうした獣類を獲る者をマトゥの者と呼んでゐるのは、或はその遺孽《いげつ》かもしれない」

柳田らが、マタギとマトギを同語源だとみなしたのも無理はない。これは古い時代、中央の日本語に「マタギ」の語があって、それが長い年月がたつあいだに中央では消えてしまったが、東北や四国の山奥のような辺陬《へんすう》に残存した可能性をうかがわせる。マタギのアイヌ語起源説が、いまひとつ支持者が少ないのも、四国にマトギの語があったことが大きく影響しているのではないか。

しかし一方で、二つは「他人のそら似」と考えることもできる。両地の中間で、近似の音と意味をもつ言葉があったという報告は全く知られていないからである。これは、いかにも不自然なことではないだろうか。それに、マトギは「的木」、マトゥの者は「的の者」と解釈しても、こじつけにはなるまい。猟師と「的」とは関連が深い。例えば、新潟県東蒲原郡鹿瀬町（現阿賀町）の実川《さねがわ》（全戸離村によって、すでに消滅）では、正月二日にシハンブチ（的撃ちの行事）があり、集落の猟師は氏神に詣でたあと的場に集まって的撃ちをすることが慣例になっていた（佐久間惇一『狩猟の民俗』二八五ページ）。

5　秋田県の北・中部に集住していた

どこかほかから移植されたのではなく、もともとマタギという言葉と、その文化が存在したと思われる地域をしぼっていくと、秋田県のとくに北・中部の山間地にほぼ限られるようである。これらの分布域は、決してアイヌ語地名帯と一致しない。マタギがアイヌ語だとするなら、これは不可解なことだといえる。その辺をどう考えるか卑見を述べる前に、研究者たちの聞取り調査や古い文献によって、マタギの故郷と秋田県とのつながりを示唆する事実を紹介しておきたい。

・赤谷（現新潟県新発田《しばた》市上赤谷＝引用者、以下同じ）には、もと秋田の衆が熊狩りに来たと、外門惣六氏も井上平次郎氏も語っておられた。ここの山ことばにはマタギということばがあるが、それは人間の総称である。

・赤谷に隣接する猟区の実川《さねがわ》（現新潟県東蒲原郡阿賀町豊実《とよみ》字実川）、鼓岡《つづみおか》（現同県胎内《たいない》市鼓岡)、大石(現同県岩船郡関川村大石)にも、それぞれ秋田マタギが来ていたという(以上は文化庁編『民俗資料選集　狩猟習俗Ⅱ』の佐久間惇一氏執筆分)。

・秋田小屋は、この地域(現新潟県魚沼市大白川)の狩り場の奥の未丈《みじょう》ヶ岳《たけ》(一五五三メートル)にあったが、もう百年以前から来なくなったという。下流の三ツ又新田(現魚沼市三ツ又)などでは、昔、秋田衆から熊とりを習ったと言っている。

・大白川では嘉永〜安政年間(一八四八—六〇年)になると、熊の胆《い》や熊皮、クラシシ(カモシカ)の皮などの取引文書がたくさん出てくる。このころまでは秋田マタギの独壇場になっており、クラシシなどは年間百頭もとって帰ったといわれている(以上は前掲書の山崎久雄氏執筆分)。

・下折立《しもおりたて》(現新潟県魚沼市下折立)の富永熊吉さんによると、ツメカンヂキは秋田カッチキとも呼んでいた。秋田から移入されたものである。

・檜枝岐《ひのえまた》(現福島県南会津郡檜枝岐村)の星妙三郎さんによると、イリとは川の上流、デトは下流のことで、秋田の猟師が使用する言葉だった(以上は金子総平『熊狩雑記』)。

・金目《かなめ》(現山形県西置賜郡小国町金目)の狩猟文書には、末尾に「秋田根子村栄助より米沢小国金目村伝之助」とある。

・羽前(山形県)から飯豊朝日連峰にかけて、また上信越国境(新潟・長野県境)には秋田マタギの来山していない地帯はないくらいであり、秋田マタギの影響の大きかったことは言いつくしがたい(以上は佐久間惇一『狩猟の民俗』)。

この種の報告は、ほかにも珍しくないが、もっとも古い記録は、越後塩沢（現新潟県南魚沼市塩沢）在の随筆家、鈴木牧之《ぼくし》（一七七〇―一八四二年）の『秋山記行』ではないか。これは、牧之が文政十一年（一八二八）九月に秋山郷の最奥部、現在の長野県下水内郡栄村の湯本（いまは普通には切明《きりあけ》という。温泉がある）まで足を延ばして書いた旅行記である。

牧之は湯本で、秋田の猟師に会っている。彼らは三人一組となって、はるばる秋山まで出稼ぎに来ていた。そのうちの一人を宿へ呼んで話を聞いたのだった。あとの二人は留守だったらしい。

猟師の故郷は「城下より三里隔たる山里」であった。三里はおよそ一二キロだが、マタギの村が多かったことで知られる現北秋田市阿仁地区や仙北市西木町は城下から三〇キロ以上も離れている。この猟師はたまたま、もっと里近くの出身だったのか、正確な里程など気にせずに「三里」と答えたのかわからない。

三人は主にイワナを捕って、それを現群馬県吾妻郡草津町の草津温泉へ運んで売っていた。秋山から草津までは今日、車で走っても何時間かはかかるだろう。当時、彼らは道なき道を歩いて往復していたのである。だいたいは、三人のうち二人が商いに出ていた。

イワナ漁のあいだには、熊やカモシカなどの獣も追った。着るものは、すべて獣の皮で作っていた。湯本にも小屋を掛け、草津までの道々にも掛けていた。言葉には秋田訛りがほとんどなく、牧之も会話に困ることはなかった。これは広く世間を渡り歩いていたからだと思われる。

牧之が会ったのが、秋田のマタギであったことについては一点の疑問もない。その生態はマタギのそれであり、秋山には長年にわたって何人もが繰り返し出稼ぎに来ていたからである。

牧之は秋田の猟師のことにかなり長い文章をついやしているが、『記行』の中で「マタギ」という言葉は一度も使っていない。狩人とか猟師と呼んでいる。牧之はマタギなる言葉を耳にしなかったのである。これは相手が、マタギは秋田あたりの方言であることを知っており、どこででも通じる猟師、狩人と言っていたからであろう。牧之は言葉には旺盛な関心を抱いていたので、この耳慣れない語に接していたら必ずや相当の紙数を割いていたはずである。

東北南部や中部地方の豪雪地帯へ秋田の猟師が出稼ぎに来ていた話は、右に紹介した以外にも少なくないが、同じアイヌ語地名帯に位置していながら、岩手や青森からの来往を伝える報告は、ほとんどないようである。それどころか、岩手や青森でも秋田マタギの影響があったことを示す例が散見される。

•（おそらく明治時代の）ある年、仙北（現秋田県仙北市）マタギの渡辺源蔵が、岩手の沢内《さわうち》（現岩手県和賀郡西和賀町沢内）へ呼ばれて熊狩りをしたとき、沢内マタギたちは源蔵の腕に舌を巻いて「これまで阿仁（現北秋田市）のマタギを招いて猟を習っていたが、以来仙北マタギを呼ぶことにすべし」と相談一決した（武藤鉄城『秋田マタギ聞書』）。

沢内は、仙北から奥羽山脈を東へ越した、仙北以上の山間地である。猟場も多く、江戸時代すでにマタギの語があった確実な証拠もあるが、それでも猟の仕方を秋田マタギから学んでいたことがわかる。

•大間越《おおまごし》（現青森県西津軽郡深浦町大間越）のマタギ、伊藤末吉さん（一九〇二―八九年）は秋田から大間越に移住してきた。また、大間越には熊穴に忍び込んだりする菊池利三郎というマタギがいたが、この人の父親の利助は秋田県根子の出身であった。菊池利助よりのちに、同じ阿仁から高堰辰五郎（一九六〇年ごろ没）が大間越に来た（『白神学第三巻　白神山地のマタギ』中の鈴木忠勝氏執筆分）。

大間越は日本海沿いに位置して秋田県境に近いが、阿仁根子からは直線でも七〇キロほど離れている。

ともあれ、幕末の一九世紀から二〇世紀半ばごろの記録や聞取り調査によって、マタギ文化の源流を追っていくと、秋田県の、とくに現北秋田市阿仁地区と仙北市西木町、角館町あたりに収斂していくように思われる。それは決してアイヌ語地名帯の全域には及んでいない。宮城県の北部などには、マタギという言葉さえ伝わっていた形跡がない。これはいったい、なぜだろうか。

6　秋田の一角へ追い詰められたか

狩猟・採集・漁撈民族は、世界のどの地域においても、そう大きな人口集団を形成することがなかった。食料を原則として野生の動植物に頼る以上、どうしても人口増加が抑えられるからであろう。農耕民族が支配する土地が拡大するにしたがい、彼らの食糧確保は、ますます困難になってくる。

北海道アイヌの人口は、幕末から明治初めごろで二万人台であったと推定されている。当時、列島全体の人口は三〇〇〇万人を超していたから、居住圏の広さにくらべて著しく人口密度が低かったといえる。

東北地方のアイヌについては、ある時代、例えば西暦一二〇〇年とか一五〇〇年とかにどれくらいの人口があったのか、いっさいわからない。ただ、日本の中世に当たる時期にも、自他ともにアイヌと認める人びとが東北にも住んでいたと思われる。明治になってさえ、彼らが少数ながらいたことを考えれば、そう推定することは許されるのではないか。

ただし、その実態はおぼろであって、なおアイヌ語のみを母語としていたのか、アイヌ語と日本語のバイリンガル（二重言語者）だったのか、多毛で顔の彫りが深いなどの外観的特徴をどの程度たもっていたのかといったことを含めて不明である。しかし少しずつ、場合によってはかなり急速に、和人と同化してきたことは間違いあるまい。

既述のように、マタギと呼ばれた猟師たちは、山言葉の中でアイヌ語を用いていた。これは、彼らの祖先がアイヌ語を使っていたからだとするのが卑見である。だが、マタギをアイヌ人そのものだとした記録は知られていないと思う。すなわち、マタギは文化的にはアイヌ民族の直系の子孫だとしても、すでにアイヌ語を日常的には使用しておらず、見た目も平均的な和人とさして違わなくなっていたことになる。

それでも、依然として純然たる狩猟・採集・漁撈民であった。彼らは元来は、ごく小さなコタンの住民であったろう。一戸から数戸、多くても十数戸が山中深くの沢べりや、海近くのささやかな浜辺などで暮らしていたのではないか。マタギは沿海部にもいた。海の漁師と山の猟師を兼ねる方が生活が安定するからである。

ところが、集落の構成員が和人化したり、ほかの何らかの理由で集落が消滅に瀕すると、わず

青森県北津軽郡中泊町小泊字袰内（ほろない）の全景。かつては、ここに小さなコタンがあった。

かに残っていた者たちは暮らしに窮することになる。まわりが異民族（和人）だらけなら、精神的にも追い詰められたろう。そうなったときに、まだ仲間がいる、より大きなコタンへの移住を考えたはずである。前章の5節で紹介した、

•三内《さんない》（青森市三内）にアイヌ部落があったが、爺さん婆さん二人きりになり、どうにもならないので、北海道の白老《しらおい》（白老郡白老町）に行った。明治初年のことらしい。

•東田沢（青森県東津軽郡平内《ひらない》町東田沢）にアイヌがいたが、爺さん一人になり、北海道の平取《びらとり》（沙流郡平取町）辺に行った。明治十三年（一八八〇）のことである。

•東滝（同町東滝）のアイヌ、貝原与三郎は明治九年（一八七六）に明治天皇の奥羽ご巡幸の行列を拝し奉ったあと、北海道古平《ふるびら》（古平郡古平町）の同族を頼って移住した。

などは、その例だといえる。

前掲『白神山地のマタギ』中の山下祐介氏執筆分によると、津軽南部で一七〇〇年代に熊猟師がいたのは桜庭《さくらば》、米《よね》ヶ袋《ふくろ》、中畑（以上は現青森県弘前市）、杉ヶ沢、田代、白沢、大秋《たいあき》、村市《むらいち》（以上は現中津軽郡西目屋村）など弘前城下に近い村々が多かったが、一八〇〇年代になると、そこに代わって白神山地の方へ入り込んだ砂子瀬《すなこせ》、川原平《かわらたい》（以上は現西目屋村）がマタギの村として資料に現れてくるという。幕末までには、かつての熊猟師の村では、最奥の村市を除いて猟が行われなくなっていたようである。

その理由は必ずしも明らかではないにしても、猟師たちが生業に有利な場所へ移住していくことはあったと思われる。猟師とくに大型獣を追う者の行動範囲は農民にくらべて格段に広く、先祖伝来の耕作地といった考えももっていなかったから、わりと簡単に遠くへも移っていけたろう。

いつかは全く不明ながら、江戸中期より以前のある時代（それは何百年以上にわたっていたかもしれない）に、アイヌ語地名帯の中で、主に山の猟師たちが現在の秋田県北部から中部へ移住する動きが起きていたのではないか。彼らは、それまで暮らしていたコタンの和人化（農民化）や、集落人口の減少、周辺の土地の農地化などに追われるようにして、まだ狩猟・採集・漁撈（もちろん川漁である）民がまとまって残っていた右の地方へ集まってきたのではないか。

北秋田市阿仁根子は、遅くとも江戸時代には全戸がマタギの集落として資料に現れる。既述のように、昭和十一年（一九三六）当時で八五戸のすべての家がマタギを主たる稼業にしていた。

北秋田市の阿仁川の上流域や、山ひとつ南へ越した仙北市桧木内川の上流部には、似たような集落が少なくなかった。同じころで、おそらく計数百戸から一〇〇〇戸前後のマタギ稼ぎの家があったろう。

日本のような狭い国土の一角に、二〇世紀になっても、これだけの狩猟民が集まり住んでいたのは尋常のことではない。周辺の山野を猟場にするだけではとても生きていけず、だから東北南部や中部地方の山間地まで出張っていたのである。それは、農耕社会から出た狩人の生きざまのようには思えない。

彼らは狩猟・採集・漁撈民族の生き残りだったと考えるのが合理的である。そうして、彼らは猟場にあってはアイヌ語をまじえた隠語を用いていた。彼らの故地には、おびただしいアイヌ語地名が残存している。これが、わたしがマタギはアイヌ民族の直接の子孫だと述べた理由である。

【コラム】⑧　阿仁のナイ地名

米代川《よねしろ》は秋田県の北部を、おおむね東から西に向かって流れ、同県能代市で日本海に注いでいる。その米代川中流で、これに南から合している流域最大の支流が阿仁川である。現北秋田市の阿仁は阿仁川と、その支流沿いに点在する村々からなる地域の総称である。

いま阿仁に残る地名のうち、語尾に「ナイ」が付くものを北から順にひろってみたい。ナイは何度も記したように、アイヌ語で「川、沢」を意味する言葉である。

まず地区の北端近くで、左岸（西岸）から阿仁川に流れ込む比《ひ》内《ない》沢がある。このすぐ南で、やはり左岸から合する湯《ゆ》口内《くちない》沢があり、その合流点の地名を湯口内という。そこから国道105号沿いにさらに遡上すると、笑内《おかしない》に着く。ここは根子から直線で東へ一・五キロほどになり、秋田内陸鉄道の笑内駅（無人）がある。

北海道爾志《にし》郡乙部《おとべ》町にも可笑内《おかしない》川があり、山田秀三氏はオ・カシ・ナイで「川尻に・仮小屋ある・沢」の意にとっていた。これが当たっているかどうかは、いまとなっては確かめようもないが、そのとおりだとしたら、「川尻」とは笑内の南方で左岸から合する現在の鳥坂《とりさか》川の落合あたりのことだったかもしれない。

ここの南東の比《ひ》立内《たちない》は、阿仁南部の中心といえるような集落で、比立内駅がある。阿仁川は、ここで二つに分かれ、本流は打当《うっとう》川と名を変え、支流は比立内川という。比立内川には、左岸から鍰内《からみない》沢が合流している。もう一つの支流、繋《つなぎ》沢には右岸から細流の万内《まんない》沢が流れ込んでいる。

次は打当川の筋である。これには志《し》渕内《ぶちない》沢、戸《と》鳥内《とりない》沢、打当内沢の三つの支流があって、後二者の沢尻には戸鳥内、打当内の地名が見える。

また、五万図には載っていないが、阿仁荒瀬には粕内《かしない》の小地名がある。

要するに、阿仁というさして広くもない一地域に、地名と沢名の重複を一つに数えて比内、湯口内、笑内、比立内、鍰内、万内、志渕内、戸鳥内、打当内、粕内と一〇ヵ所ものナイ地名が存在するのである。

　これはあくまでナイ地名についてであって、ほかにもアイヌ語起源の地名が残っていることは十分にありえる。いや、そうでないと、かえって不自然だといえる。例えば小様《こざま》、露熊《つゆくま》、伏影《ふしかげ》、根烈《ねれつ》、白解《しらさばき》、八羽《やっぱ》（以上は五万図にも出ている）、陳場《ちんば》、突瀬《とっせ》、宝附《たからふ》、桁子《けたこ》、広様《ひろさま》、ホタマギ（インターネットで確認できる）などの中にそれが含まれているかもしれないが、わたしには証拠を示すことができない。

　右に述べたことは、何も阿仁にかぎらない。北側の北秋田市森吉地区（旧北秋田郡森吉町）、西側の北秋田郡上小阿仁村、南側の仙北市西木町（旧仙北郡西木村）、東側の同市田沢湖地区（旧仙北郡田沢湖町）のいずれにおいても事情は同じである。それらの地域がマタギの故郷であった。

秋田県北秋田市阿仁長畑の志渕内沢にかかる橋。

第九章　アイヌ民族は、いつ南下してきたか

1　北から南への移動であった

アイヌは日本列島の先住民族であると、おおかたの人が考えている時代があった。いや、ごく最近まで、それは有力な仮説の一つだったといってよいだろう。それどころか、今日でも、その立場をとりつづけている研究者もいる。全国どこの地名であっても、アイヌ語で解釈する向きがなお跡を絶たないのも、右の見方を反映してのことに違いない。

アイヌを列島全体の先住民とみなすことにも、もちろんそれなりの根拠はある。例えば、縄文人と近世・近代アイヌ人との形質上の近似が挙げられる。自然人類学の手法で両者の頭骨や四肢骨を比較観察した結果では、共通点が少なくないことになっているのではないか。その点を重視すれば、縄文人とアイヌ人とのあいだに人種的つながりがあると判断することも可能かもしれない。

沖縄人（南西諸島の住民）とアイヌ人との関係についても、ほぼ同じことがいえる。両者が、

列島中部の日本人と顔かたちや体毛の量などでかなりの違いがあるのに、いま南端と北端に分かれて住んでいながら、お互いに似たところがあるのは、周知のとおりである。これも、大陸系弥生人の渡来によって、先住の縄文人が南北へ押しやられたため、列島の最南部と最北部に縄文人の子孫が沖縄人とアイヌ人として残ったと推測すれば、いちおうは合理的な解釈になる。

一方、近年ほとんど日進月歩といった勢いで発展しつつある遺伝子学の方面では、右の説を補強したり、少なくとも矛盾することはない研究と、それでは説明が著しく困難な結果を示す研究とが見られるようである。ひとくちに遺伝子といっても、その何を対象にするかで見方が大きく分かれるということらしい。

明治 11 年（1878）、イギリス人旅行作家イザベラ・バードが北海道でスケッチしたアイヌ人男性（バード著『日本奥地紀行』平凡社版、より）

いずれにしろ、形質人類学や遺伝子学には客観的な数値が得られる半面、「他人のそら似」を判別できないという特徴があるともいえる。その研究では、しばしば日本人をアイヌ人、沖縄人、本土人に分類して、三者の異同を論じるが、例えば十和田湖周辺の本土人と、琵琶湖沿岸の本土人、沖縄人とをくらべると、何を指標にするかによって、十和田湖の本土人は琵琶湖の本土人より沖縄人に近い数値が出てくることもありえるのではないか。

沖縄人とアイヌ人の部分的な類似は、と

もに縄文人の血を引くからではなく、両者がまだ大陸にあって、一つの人種集団に属していたはるか昔の名残りだとする指摘がある。その集団を「古モンゴロイド」とか「原アジア人」とか呼んだりする研究者もいる。そうだとすると、単なる「他人のそら似」ではないことになるが、縄文人が列島内で南北に分かれ、のちの沖縄人とアイヌ人になったという考え方は成り立たないといえる。要するに、縄文人、沖縄人、アイヌ人に形質的、遺伝子的な近似が見られたとしても、アイヌ人が列島全体の先住民だったとはかぎらないのである。

アイヌ語地名の分布調査によれば、アイヌ人は東北地方の南部（ただし、宮城県の北部は除く）より南で地名を残すほどの集団生活を送ったことがないことを示している。つまり、アイヌ人は列島の先住民だったのではなく、北方から南下してきて、その足跡は東北北部と宮城県北部までにしか及んでいなかった。

それでは、彼らは東北地方へ、いつごろやってきたのだろうか。

2　土器と葬制から

東北地方の北部には、確実または、ほぼ確実にアイヌ語だといえる地名が少なくとも数百ヵ所は残っている。このほかに、長い年月の経過のうちに消滅してしまったアイヌ語地名も多かったろう。東北北部に、かなりまとまった数のアイヌ人（アイヌ語を母語とする民族）が長期にわたって居住していたことは疑いあるまい。

彼らが、いつ北海道から渡来してきたのか、きっちりと突きとめることは、結局、難しい。それはおそらく、ある時代の一〇〇年とか二〇〇年とかのあいだのことではなく、数百年ないし一〇〇〇年以上に及ぶ継続的な移動の結果だったということもありえる。以下は、あくまでそのような前提のもとでの話である。

紀元一世紀からの数百年間、東北地方では人口が減少したとされている。原因として気候の寒冷化を挙げる人もいる。例えば、三〇〇〇年ほど前（二八〇〇年前とする立場もある）に始まり、三世紀までつづいた弥生時代の前期には青森県弘前市三和の砂沢遺跡で、中期には同県南津軽郡田舎館《いなかだて》村垂柳《たれやなぎ》の垂柳遺跡で水田耕作が行われていたが、それがいったんは、ぱたりととだえる。その理由を寒冷化に求める見方もある。それが古墳時代（三―七世紀）にほぼ重なることから、「古墳寒冷期」と呼ばれることもある。ただし、この時代は前後にくらべて、むしろ温暖だったとする指摘もあり、そうだとするなら「古墳寒冷期」の呼称自体が適切でないことになる。

いずれにしろ、四世紀前後に東北地方の人口が希薄になったことは確からしく、そのすきを埋めるようにアイヌ人が南下してきたとしても不思議ではない。それを裏づける状況証拠の一つが、江別《えべつ》式土器の東北地方への広がりである。

本土が弥生時代に入ったころより少し遅れて、北海道では続縄文時代が始まる。この時期の最初の土器として、北海道に出現したのは恵山《えさん》式土器であった。これは東北北部の二枚橋式土器（青森県むつ市大畑町二枚橋遺跡に由来する名前）の影響を受けたものである。

その恵山式の影響下に、道央で江別式土器が生まれる。この土器は後北《こうほく》式土器（後期北海道式薄手縄文土器の略）とも呼ばれることからわかるように、縄文土器でありながら弥生土器のように薄手であった。それを特徴とする江別文化は、紀元前一世紀~後七世紀に及んでいた。この時代の北海道の主要な生業は、サケ・マス漁を中心とした漁撈・狩猟・採集だったが、ソバなど食用植物の栽培も行われていたとされている。

江別式土器（詳しくいえば、そのうちの後北C_1式）は三世紀になると、北海道の南部から東北北部に、さらに道北から道東へと範囲を広げている。次いで四世紀には、後北C_2式と後北D式が南は東北南部、新潟県へ、北はサハリン南端、東は国後《くなしり》・択捉《えとろふ》島へも及ぶことになる。南方から伝来した土器が、いくらか形を変えて、また南方へ波及していったのである。

三―四世紀といえば、本土ではすでに古墳時代に入っていた。もっと使い勝手がよく、大量生産が可能な土師器《はじき》が普及しつつあった時代に、縄文系統の土器が本土の農耕社会で必要とされたわけではあるまい。これは、まだそのような土器しかもたない人びとが北海道から本土へ進出し、それにともなって土器も移動してきた結果ではなかったか。すなわち、本土で江別式土器を用いたのは、主として北海道から渡来したアイヌ人たちの社会だったように思われる。

江別式土器の分布範囲はアイヌ語地名帯より広く、古代の蝦夷《えみし》の居住域とほぼ合致している。彼らが、この土器を受け入れた三―四世紀ごろは、まだ大和政権による蝦夷勢力圏への侵攻は始まっていなかった。彼らは、これから数世紀のちに、大和から見れば「まつろわぬ者たち」と意識されることになる。大和政権は、基本的に農業社会を基盤として成り立っていた。蝦夷は、その中にアイヌ民族を含む政治上の概念だったと考えられ、決してアイヌそのものではなかった。

ただ、ともに大和政権の埒外にいたのだから、非農業的側面をもっていたことは間違いあるまい。彼らは、アイヌ人とは親和性が高く、それが江別式土器を導入した理由だったのではないか。

　これよりさらに、アイヌ語地名の分布域にぴったり対応する古代文化が存在する。「続縄文系の墓」である。

『古代史の舞台』（二〇〇六年、岩波書店）の藤沢敦氏執筆分には次のように見えている。

「東北南部とは対照的に、東北北部には、北海道の続縄文文化が広がっていく。一部には弥生時代後期から始まっていた北海道の続縄文文化が南下してくる現象は、古墳時代前期には東北北部全域で認められるようになる。東北北部では、続縄文文化に伴う遺物が主体を占めるようになり、平面の形が楕円形の続縄文文化に伴う墓が造られるようになる。（中略）続縄文系遺物は、東北南部の古墳文化が広がる地域でも分布するが、続縄文文化に伴う墓は東北南部では確実な例がない」

　右は発掘遺跡についての話だから、例数はアイヌ語地名にくらべてずっと少ない。未発見の遺跡もあることだろう。しかし、とにかく現状では、アイヌ語地名と「続縄文文化に伴う墓」の分布域は、よく一致していることになる。

　松本建速氏の『蝦夷《えみし》とは誰か』（二〇一一年、同成社）にも、ほぼ同趣旨の記述がある。

「後北C_2・D式や北大Ｉ式土器といった続縄文土器が利用されていたころ、すなわち三世紀後半～五世紀前半ころ、北海道南部と東北北部

青森県・津軽半島の北岸から北海道を望む。

の墓は類似した土坑墓《どこう》であった」

葬制は、文化全体の中でも変化しにくいことが指摘されている。本土の古墳時代前半ごろに、北海道から続縄文文化をたずさえて東北北部へ南下してきたアイヌ民族が、移住後も楕円形の土坑墓にこだわりつづけたと考えれば、アイヌ語地名帯にのみ北海道式の墓の遺跡が残っている理由がうなずけることになる。それは、江別式土器が、もっと南まで伝播していたことと少しも矛盾しない。土器製作は技術だから、どんどん採用範囲を広げていくが、葬制は元来が保守的なものだからである。

3　「比内《ひない》」と「江刺《えさし》」

指す範囲が広い地名を一般に大地名、狭い場合を小地名と呼ぶ。武蔵とか薩摩といった旧国名や、現在の都道府県名は前者の、各地の小字や、日常生活で使われている通称地名の大半は後者の例になる。

小地名は全体の観察が容易で、地形や地物の特徴を把握しやすい。その半面、大地名にくらべて文献に記録されていることが少なく、その成立がいつごろであったのか調べる手がかりにとぼしい。これまで本書で取上げてきたアイヌ語地名は、おおかたが小地名に分類できるが、資料上の初出が中世後期よりも前にさかのぼるものはほとんどない。したがって、これらを用いてアイヌ人の東北への南下時期を推測するのは難しいことになる。

そんな中で現在の、

・秋田県大館市比内町

のヒナイは、アイヌ語と考えられる地名にしては珍しく、九世紀にはすでに存在していたことが確実である。

わが国では六番目の正史に当たる『日本三代実録』は延喜元年（九〇一）の成立だが、そこには元慶《がんぎょう》二年（八七八）三月から一年ほどにわたった「元慶の乱」のことが記されている。反乱の折り、出羽北部（現今の秋田県にほぼひとしい）の一二ヵ村が「夷俘《いふ》」の手に落ちたとあり、そのうちの火内《ひない》、榲淵《すぎぶち》の二ヵ村は北秋田郡内の村だったとある。この火内が、「比内地鶏」で有名な現大館市比内町の比内に相当することは、まず間違いあるまい。

東北地方の北部、とくに秋田県には「ヒナイ」の音をもつ地名が珍しくない。

・岩手県上閉伊郡大槌町大槌の大飛内《おおびない》と小飛内《こびない》

・秋田県山本郡藤里町藤琴字中小比内《なかこびない》、字出戸《でと》小比内と小比内川

・同県北秋田市阿仁吉田の比内沢

・同県北秋田郡上小阿仁村五反沢の比内沢

・同県仙北市西木町上桧木内字比内沢と比内沢（沢の名）

・同市西木町桧木内の小比内《こびない》沢

・同県湯沢市高松の小比内山（一〇〇四メートル）

などである。最後の小比内山は山の名だが、これは最寄りの川か沢の名が、いつのころかに山に対しても使われるようになったのだと思われる。ただし、近くに小比内川（沢）は見えないの

で、川の名は消えて山の名だけが残ったのではないか。

既述のように、アイヌ語のPの音は日本語に借用されると、原則的にhの音になる。アイヌ語のピpiは「小石」のことだから、ピ・ナイ（日本語のヒナイ）は「小石川（小石の多い川）」を意味すると考えられる。

この解釈でよいかどうかは、いちいちの現地について調べるしかない。ところが、大館市比内町のヒナイは九世紀当時でも、すでに一つの村全体を指す地名になっており、それが難しい。もっと古い時代には、例えば秋田県仙北市西木町上桧木内の比内沢のように、観察が可能な小地名だったろうが、年月の経過のうちにかなりの大地名に成長して、もとのヒナイがどこかわからなくなったためである。

したがって、『三代実録』に見える火内をアイヌ語だとする確証はないことになる。ただ、同音の地名が今日も東北北部には珍しくないことや、これに近いサヒナイ（アイヌ語のサッ・ピ・ナイ＝乾いた・小石・川）のいくつかを現地調査して語義どおりであることを確かめた山田秀三氏の報告（『東北・アイヌ語地名の研究』一七九ページ以下）などから、火内もアイヌ語ピナイの義である可能性は、相当に高いといってよいと思う。

それに間違いがないとすれば、アイヌ人がこの地名を付けたのは遅くとも九世紀、小地名が村全体の名になるまでに長い年月を要することを考えると、おそらくさらに二、三世紀か、それ以上も前だったのではないか。

- 岩手県奥州市江刺《えさし》（旧江刺市）

についても、似たようなことがいえる。

これと同音の地名は、
・北海道檜山郡江差《えさし》町
・同枝幸《えさし》郡枝幸町
など北海道にもある。

知里真志保氏の『地名アイヌ語小辞典』は、「エサウシ（esausi）」の語を立項して「岬、山が川岸まで出ている所」としている。それは「e（頭を）sa（前、浜）usi（につけている）i（者）」に分析できるという。さらに、この言葉から「エサシ（esasi）」の語ができ、「岬、山が海岸まで出て来ている所」の意になると記されている。

山田秀三氏の解釈も、これと完全に一致し、江差・枝幸は「岬」のことだと述べている。両地とも海岸にあって、そのような地形になっているので、二人の指摘に間違いはないのではないか。

一方、岩手県の江刺は内陸部に位置しているから、海に突き出した岬ではありえない。しかし、知里氏のいう「山が川岸まで出ている所」を意味するアイヌ語「エサウシ」の訛りだと考えることはできる。ただ、そうだと証明することは難しい。

江刺の資料上の初見はきわめて古く、わが国四番目の正史『続日本後記』承和八年（八四一）三月二日条である。このとき「江刺郡擬大領外従八位下勲八等上毛野胆沢公毛人」なる人物が外従五位下《げじゅげ》をかりに授けられたと見えている。「上毛野胆沢公《かみつけのいさわのきみ》」の姓と「毛人《けひと》」の名は、「江刺郡擬《ぎ》大領《たいりょう》」だった男性が蝦夷であったことを示している。アイヌ人は、あくまで蝦夷に含まれる民族集団であり、蝦夷と同一ではなかったが、毛人はアイヌ人だったかもしれない。

それはともかく、江差も初めて資料に現れたとき、すでに郡全体を指す大地名になっており、その名の起源がどこに始まったのか不明である。つまり、このエサシがアイヌ語で「山が川岸まで出ている所」の意かどうかわからず、九世紀か、さらに数世紀さかのぼる時代に、アイヌ人が現岩手県の南部にまで進出していたことを裏づける地名とはいえないことになる。

4 両言語は東北北部で影響を与え合った

「シロカニペ　ランラン　ピシュカン　コカニペ　ランラン　ピシュカン」

これは、知里《ちり》幸恵《ゆきえ》氏の『アイヌ神謡集』（一九二三年）に収められている「ふくろふの神の歌つた謡」の冒頭の一節である。幸恵氏は、これまで何度も名を挙げたアイヌ民族出自のアイヌ語学者、知里真志保氏の姉になる。幸恵氏は、「語学の天才」といわれた真志保氏をしのぐほど言語感覚のすぐれた女性だったようだが、わずか一九歳で病死している。

彼女は、右のユーカラ（アイヌの神謡）に、

「銀の滴《しずく》降る降るまはりに、金の滴降る降るまはりに」

の訳を付けている。

これからもわかるように、アイヌ語のシロカニは銀、コカニは金を指すが、これらは日本語のシロガネ、コガネに由来する外来語である。

アイヌ語には、日本語から借用した言葉が少なくないらしい。例をいくつか挙げてみる。

• 泊《とま》り（船溜まり、港）―トマリ（同上）
• 殿《との》（貴人の館、転じて男性に対する敬称）―トノ（役人）
• 骨―ポネ（日本語と同義）
• 磯―イソ（日本語とほぼ同義）
• 坏《つき》、杯《つき》（食物を盛る器。サカヅキのツキ）―トゥキ、ツキ（盃）
これらについては、日本語からアイヌ語に移されたことが確実だと考えられている。しかし、
• 栃（トチの木と、その実）―トチ（日本語と同義）
は、アイヌ語がもとではないかとの指摘もある。
卑見では、これは疑いもなく日本語に由来する。トチの実は昔から食料として重要な位置を占めていたナッツで、その木が生えている場所には、しばしば栃沢、栃谷、栃生《とちう》のような地名が付けられた。アイヌ語ならトチナイ（栃内）などである。だが、北海道には同類の地名はほとんどなく、逆に本土では四国、九州あたりにもおびただしいことから、そう考えられるのである。
• 神―カムイ（日本語と同義）
は、どうだろうか。
この両語は音が近い。しかも、ミとムイの対応は、
• 箕《み》（穀物の実と殻を分別するため農具）―ムイ（日本語と同義）
などにも見られる。アイヌ語のムイが日本語「箕」からの借用であることには、一点の疑問もない。箕は農耕民族が発明した農具であり、のちアイヌ人も使うようになったちりとり型の箕は

中国で発明され、朝鮮半島を経て日本に伝わったものだからである。
カミとカムイの近似は、ただの偶合ということもありえる。だが、

・幣《ぬさ》（いま音読みしてヘイとも。神に祈りをささげる際の祭具）―ヌサ（日本語と同義）

は、明らかに日本語起源であろう。

アイヌの祭祀に欠かせないイナウは、一本の木の外皮をはがしたあと、白皮を細かく薄く削り出し、それを何本かずつ結んで多数のおさげ髪のように垂らしたものである。イナウは本土の紙製の幣に形が似ている。和人たちも、かつては麻や木綿で織った布で幣を作っていた。それが紙に変わったのは、一種の簡略化ではないかと思われる。アイヌは元来、日常生活で布も紙も使わなかった。本土の幣にならった祭祀具を作るとなれば、木を用いるしかなく、それがイナウを生んだのかもしれない。

拝殿の入り口に立てられた５本の幣（高知県仁淀川町の秋葉神社で）。

いずれにしろ、日本語からアイヌ語への転用は、宗教という精神生活の深部にまで及んでいたのではないか。

一方、日本語がアイヌ語から借用した言葉も、もちろんある。例えば、

・ラッコ（カワウソに似た海獣）―ラッコ（アイヌ語と同義）

・トンド（アシカに似た大型の海獣）―トド（同上。ただし、日本語ではアシカを含むこともあったらしい）

・ルイペ（凍った魚を、そのままで食べる料理）―ルイベ（アイヌ語と同義）

などは、それだとされている。

小刀を意味する「マキリ」という言葉が、アイヌ語にも日本語にもある。小学館の『日本国語大辞典』ではアイヌ語起源としているが、田村すず子氏の『アイヌ語沙流《さる》方言辞典』では日本語からの借用となっている。この語は、山口県や愛媛県にも「竹くぎ」と意味が多少ずれながら存在することから考えて、わたしには田村説が正しいように思える。

「マタギ」が、アイヌ語から日本語に伝わったとする卑見については、すでに詳しく述べたとおりである。

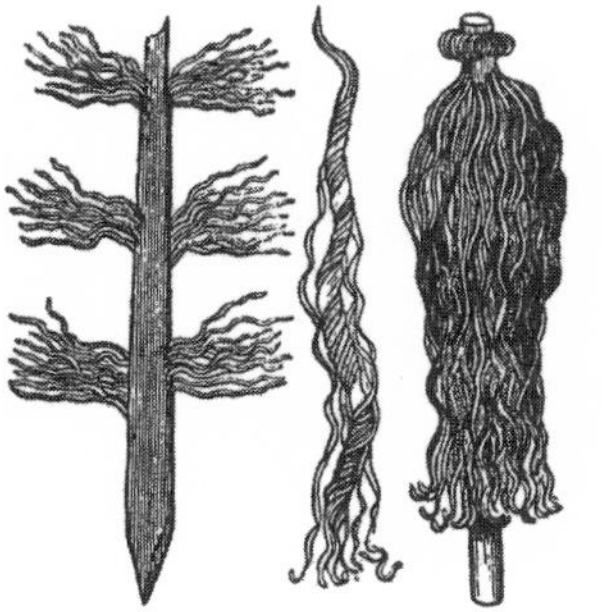

イザベラ・バードがスケッチしたアイヌのイナウ（バード著『日本奥地紀行』平凡社版、より）。

日本語とアイヌ語が相互に、小さくない影響を与え合ったのは、東北地方の北部においてであった可能性が高い。もちろん、アイヌ民族のほとんどが北海道と、その周辺の島嶼でのみ暮らすようになってから、お互いが新たに借用した単語も少なくはなかったろう。だが、その数は全体からみれば、そう多くはなかったのではないか。

東北北部で和人とアイヌが共存していたころ、基本的に和人は農耕民、アイヌは狩猟・漁撈民であった。両者の利害が衝突することはあっても、それはそう深刻なものではなかったに違いない。むしろ、彼らは必要な、役に立つ物質、文化を相手から移入し合う隣人として、友好裏に地域を住み分けていたと考えられる。アイヌが宗教面でも和人から多くを受け入れたらしいことも、そのような条件があってこそであろう。

ところが、中世後期から近世以降にかけての北海道でのアイヌと和人の関係は、もっと殺伐としたものであった。アイヌは、むろん相変わらず狩猟・漁撈民でありつづけたが、彼らが接した和人は初めは武士、のちには武士の手先というより、それにとってかわった商人たちだったといえる。ともに、アイヌを酷使し搾取することしか頭になかったといっても過言ではあるまい。それは植民地における支配者と被支配者とのあいだがらに似ていた。いや、その典型でさえあった。

- コシャマインの戦い（一四五七年）
- シャクシャインの戦い（一六六九年）
- 国後《くなしり》の戦い（一七八九年）

をはじめ大小いく度となく起きた双方の衝突は、不明なことも多く、またきっかけと経過にさまざまな要因はあったにしても、そこに通底していたのは苛政に対する被征服民の抵抗運動とみて間違いないのではないか。このような状態のもとで、祭儀や祈りにかかわる言葉を借用することがあるとは思えない。

5　長期にわたって往来していたかもしれない

アイヌ語のオンカミ（拝む）は、日本語の「拝む」に由来することがほぼ確実だとされている。アイヌ語には、「祈る」を意味するノミという言葉もある。カムイノミは「神に祈る」ことである。このノミも、古い日本語で同義のノムが起源らしい。「祈《の》む」の語は今日では、ほとんど使われていないが、記紀万葉が成立した八世紀ごろには普通の日常語だったようである。ノム―ノミが確かに日本語からアイヌ語への借用だとしたら、日本語では死語にひとしくなった言葉が近代の北海道アイヌ語に残存していたことになる。

　いま、われわれが手にすることができるアイヌ語辞典は、すべて一九世紀から二〇世紀前後にかけての北海道とサハリンや千島列島などの周辺域で採集されたアイヌ語をもとにしている。近世前期や中世以前のアイヌ語については、確かなことを知る手段がほとんどない。ただ、ユーカラに現れる古風な単語を、おそらく古語であろうと推測しうるだけである。それに、地名の一部にも古いアイヌ語の痕跡が残っているはずだが、これから体系的な語彙群を再現することは難しい。

　だから、確証は挙げられないものの、前記のシロカニ（銀）、コカニ（金）、トチ（栃の木と実）、ツキ（盃）、ヌサ（幣）、トマリ（船溜まり）、ポネ（骨）、イソ（磯）、オンカミ（拝む）などは、中世以前に東北北部で日本語からアイヌ語へ転用された可能性が高いと思う。もし、カムイやノミもそうだとすると、その借用は古代にまでさかのぼるのではないか。

　中世以前の基本語彙の移入が、北海道（周辺の島嶼を含む。以下同じ）で起きたということはあり得ない。和人が、いつ北海道へ渡りはじめたのかはっきりしないとはいえ、ある程度まとまった人数としては、嘉吉二年（一四四二）、南部氏との戦いに敗れた安東盛季と、その武士団一行の渡島が最初だといわれている。それからも長いあいだ、和人が足を踏み入れるのは北海道南西端の渡島《おしま》半島南部にかぎられていた。そのうえ、お互いの言語に影響を与え合うような接触ではなかったからである。

そうだとするなら、現代アイヌ語に見られる日本語由来の言葉のうち、とくに祭儀にかかわったり、日常生活に深く根ざした単語は、東北北部で受け入れたものと考えるほかあるまい。既述のアイヌ語「トンド」と日本語「トド」との対応も、右の推測を裏づけている。八世紀に成立した『出雲国風土記』の嶋根郡の条には、

「等等嶋《とどしま》　禺禺《とど》当り住めり」

の一節が見える。「当《あた》る」は「やって来る」の意である。このトド島は、島根半島東端の地蔵崎沖に浮かぶ沖ノ御前島を指すとされている。

同風土記には出雲郡にも「等等嶋」があることが記されている。こちらは島根半島の西端沖の艫《とも》島のことらしい。

二つの島に来ていたトドはアシカであろうが、八世紀の山陰地方に「トド」の語がすでにあったことがわかる。となると、アイヌ語から借用された日本語が、これほど早い時期に現中国地方にまで伝播していたのだろうか。それもありえなくはないが、どちらかといえば、「トド」は通説のようにアイヌ語起源ではなく、日本語から伝わったのかもしれない。

しかし、そうだったとしても、その借用が中、近世になってからということはあるまい。もっ

と古い時代に、東北北部でアイヌ語に移されたとみて間違いないと思う。つまり、いずれであれ、それは中、近世以降の北海道で起きたことではなかった。

ところが、現代アイヌ語にトドを意味するトンドの語が残っている。これは、なぜなのか。東北北部のアイヌ語地名の観察と分析から、この地域へ南下してきたアイヌ人のおおかたは、長い年月のあいだに和人に同化したと考えられる。ただ一方で、彼らはほぼ一貫して東北と北海道を往来していたか、少なくともそういう集団が存在していたのではないか。だからこそ、トドにかぎらず、いまも北海道アイヌの言語に基本語彙を含めて、かなりの日本語が伝わっているのである。

往来が具体的にどのようなものであったのか、むろん全くわからない。ただ、前にも紹介した地質・火山学者、田中館秀三氏が子供のころ傍聴した裁判の記憶は、いくぶんかそれをしのぶよすがになりそうである。

既述のように、田中館氏は小学生だった明治二十五年（一八九二）か二十六年ごろ、故郷の福岡町（現岩手県二戸市福岡）の区裁判所で開かれた過失傷害事件の公判を教員に引率されて見学に行った。被告はアイヌ人であった。彼は父親と山へ狩りに出かけた折り、誤って父を「射《ママ》った」というのである。この「射った」が銃によるのか弓によるのか、はっきりしないが、とにかく、その罪を問われて起訴されたのだった。

息子は日本語が十分にできなかった。この一家は、もとは福岡町のある二戸郡に住んでいたが、いったん北海道へ移住し、のち再び故郷へ戻っていた。息子は北海道のアイヌ社会で育ったため日本語が不自由だったのである。それで、父親が通訳に当たった。事件の被害者が、被告の通訳をしたことになる。牧歌的な時代だったのだろう。

詳しいことは不明ながら、この一家は本州で暮らすアイヌ人であったらしい。それが何らかの理由で一度、北海道へ移住していた。そうして、ある期間たったあと、また岩手県へ帰っていたのだと思われる。彼らは狩猟で生計を立てていたのではないか。少なくとも、それを副業にしていたことは、まず間違いあるまい。

とにかく、そのようなアイヌ人が明治になっても、まだいたのである。

【コラム】⑨「茶味内」と「オチャク内」

・茨城県久慈郡大子《だいご》町中郷《なかごう》字茶味内

は茨城県の最北部、福島県境に近い山間地である。ここのことは、地名研究者として著名な山中襄太《じょうた》氏の『人名地名の語源』で知った。

山中氏は、これを「チャミナイ」と読んで、アイヌ語で「おとし弓をしかけた沢」の意味ではなかろうか、と述べている。これは日本語としては、たしかに不思議なひびきの言葉で、わたしはほかに同じか似た音の地名を耳にした記憶がなかった。もっともらしい訳まで付されている。となると、詳しく調べてみる必要があり、平成二十九年の春、現地を訪ねた。

行ってすぐ、山中説には前提に大きな誤りがあることがわかった。住民はみな「チャミウチ」と言っていたからである。つまり、これはアイヌ語に特徴的なナイ地名ではなかった。それだけで、アイヌ語だと考える余地はほとんどないことになるが、念のため茶味内という地名の由来についてひとこととしておきたい。

ウチ（内）は、おそらくムラウチ（村内）とでもいった感覚から生まれた用法で、地名に使われる場合は、しばしば「村」「集落」を意味する。茶味内の周辺にも北ノ内、中ノ内、野出ノ内などの小地名が散在している。茶味の「茶」は、ここらあたりが昔から茶の産地であることから考えて、文字どおり茶のことではないか。「味《み》」が何を指すかはっきりしないが、いずれであれ、この地名は茶の産地だったことによって付いた可能性がありそうに思われる。

茨城県大子町茶味内のバス停の標識。前方に茶畑が見える。

- 茨城県行方《なめがた》市捻木《ねじき》字オチャク内

は、霞ヶ浦の北東岸に近い丘陵部に位置している。わたしが、この地名に気づいたのは大友幸男氏の『日本のアイヌ語地名』によってであった。

大友氏は、氏の別の著書を読んだ茨城県の読者から、「県内にオチャクナイという地名がある」と教えられたのだという。同氏は日本全国にアイヌ語地名が存在するとしている方だから、連絡に驚き、これを「オ・チャク・ナイ（川尻の・欠ける・川）」と解釈している。そうして、「川尻が砂礫質に吸い込まれて涸れてしまうような川」だと説明しており、そうであれば、本書で取上げたオサナイ（アイヌ語のオ・サッ・ナイ＝川尻が・乾いた・川）と同じことになる。わたしとしては、現地を調べないわけにいかなかった。

行ってみて、これも正しくは「オチャクウチ」であることがわかった。ナイ地名ではないのである。事情に十分に通じた複数の住民が、そう発音している。ただし、正確には「オチャクチ」のように聞こえる。だが、古くからそうであったら、例えば「オチャ口」のように表記したはずである。もとオチャクウチが、つづまってオチャクチになったのだと思われる。

ここからは縄文時代の貝塚が発見されており、インターネットなどには「オチャクナイ遺跡」とも書かれている。これは、発掘関係者から地名の読み方を訊かれた行政の人間が、地元でよく確かめずに、

「オチャクナイですかねえ」

とでも答えた結果ではないか。

住民のあいだにも、すでにこういう小字があることを知らない人たちも増えている。知っていても、

「わたしたちはオチャクチと言ってましたが、正しい読み方かどうかわかりません」

と話した方もいた。役場で確かめてみたら、というのである。

しかし、地名ごとに小地名は地元で生まれ、継承されてきたものであり、地元に伝えられて

きた音が正しい。役所が決めるものではないのである。

なお、オチャクウチはごく狭い範囲を指す小地名で、その地内や隣接地には、ささやかな沢もない。五〇〇メートルばかり東を梶無川が流れて霞ヶ浦に注いでいるが、別に川尻が涸れているということはない。

第一〇章　エミシとアイヌは同じではない

1　アイヌ語地名の南限線は何を意味するか

山田秀三氏は晩年には、東北地方の南部や関東地方にもアイヌ語地名が残っている可能性を想定して、それに当たるのではないかとする例を何ヵ所か著書に記している。ただし、きわめて慎重な研究者だったから、いずれについても断定は避けていた。言い方があまりにも控えめすぎて、ときに真意がどこにあったのかはっきりしないほどである。

だが、氏の研究成果は結局、次のようにまとめられるのではないか。

「これも何回か書いたことであるが、東北地方を南下して来ると、東は仙台のすぐ北の平野の辺、西は秋田山形県境の辺からの北にはむやみにあったアイヌ語のナイのつく地名が、それから南では突然全く希薄になる。またそれとペッ、ウシ等が混在している姿も全然見えなくなる。何でもない地続きの処なのであるが、そこがアイヌ語地名の濃い南限線であった。この書の中で、東北地方の北半、南半と書いたのは、その線の北或《あるい》は南の地方の意として御了解戴きたい」

（『東北・アイヌ語地名の研究』四ページ）

本土のアイヌ語地名をめぐっては、それまで語呂合わせ、こじつけを重ねた「これもアイヌ語、あれもアイヌ語」式の言葉あそびがあるだけといっても過言ではなかった。これに対して、山田氏の研究は、初めて現地調査にもとづく実証によって本土にも、たしかにアイヌ語地名が存在することを示しただけでなく、その南限線まで指摘した、まことに画期的なものであった。

そのような線が引ける理由について、山田氏は二つの可能性を考えていた。

「第一の考え方は、アイヌ語族（蝦夷）が濃く住んでいたのは、元来はこの線の辺までで、それから南には、いたとしてもパラパラとしか住んでいなかったからだ、と考えるべきだろうかという見方である」

「第二の考え方は、古く和人が関東北辺や新潟のあたりから北進して来たのであるが、初めのころは武力的に強圧して土地を取って行ったので、もともとからの地名はかまわずに捨てて和名でそこを呼んで来たのだが、この南限線の辺で抵抗が強くなり和夷《わい》共存の方針で北進するようになって、この線から北にアイヌ語地名が多く残ったとする見方である」（前掲書）

山田氏は第二の立場に近かったが、一方で、

「二つの見方を合わせたのがほんとうなのかもしれない」

とも述べている。

卑見は右の分類でいえば、第一になる。それは、わたしが引いた南限線（山田氏のそれとほぼ一致する）の北と南で、アイヌ語地名の残存状態に著しい差があることによっている。その差

は、とくに奥羽山脈の西側ではなはだしく、山脈寄りでは秋田・山形県境がまるで垂直の崖のように明瞭な断層をなしているからである。

地名は、そこで暮らす名もなき人びとが付け、話し言葉を通じて後世に受けつがれていく。ある境界線を越えたとたん、政治権力の政策方針の変更で右のような異常ともいえる落差が生じるとは思えない。すなわち、アイヌ民族は南限線より南側で村落社会（いわゆるコタン）を形成したことがない、いいかえれば地名を残すほど濃密に分布したことがないと考えるのである。

そうして、南限線の北に今日も、地域によってはおびただしく存在するアイヌ語地名は和人がアイヌ民族から継承・保存してきたものではない。アイヌ人が使用しつづけていたが、そのうち彼らは和人化してしまう。いつの間にかアイヌ語を忘却し、日本語しか話せなくなったのである。しかし、地名は一度できてしまえば記号として用いられるから、意味はわからなくてもそのまま残る。深山幽谷の、めったに人が行かないような小渓流に付いたアイヌ語地名は、そう考えないかぎり説明がつかないのではないか。この辺のことは、すでに詳しく記したとおりである。

2　金田一京助氏のエミシ観

古代日本の北辺に「蝦夷《えみし》」と呼ばれる人間集団が居住していたことは、わが国の正史など諸資料に、しばしば見えている。

その蝦夷とは、いったい何者かについて、明治・大正期の学界では、アイヌとほぼ同じであるとの理解が主流を占めていたようである。これへの疑問が、はっきりとした形で出てきたのは大正時代の後半くらいかららしい。以後、二つの相反する見解は、それぞれの支持者を巻き込んで、いまに至るもなお決着していないといえる。

アイヌ語学の泰斗、金田一京助氏（一八八二―一九七一年）の立場は、明白に蝦夷＝アイヌ説であった。それは、「蝦夷とアイヌ」（『古代蝦夷とアイヌ』所収）の末尾の文章に端的に示されている。

「蝦夷とアイヌの相違は、つまりは本州にいたアイヌが蝦夷で、北海道にのこった蝦夷がアイヌであった。換言すれば、蝦夷とアイヌの相違は根本にあるのではなくして、ただ地方的の差、即ち人種の差ではなくして文流の差でありはしないだろうか。これが私の結論である」

注意すべきは、金田一氏の説はアイヌ語地名の分布状況を最も重要な根拠にしている点である。これが、学史的には決して少なくはない類似の指摘の中で、本書がとくに金田一氏の研究を取上げる理由の一つである。

文献に現れる対蝦夷用の最初の城柵《じょうさく》は、渟足柵《ぬたりのき》であった。七二〇年成立の『日本書紀』大化三年（六四七）是歳《ことし》条に、

「渟足柵を造りて、柵戸《きのへ》を置く」

とあり、そのあとに「ここ数年、鼠が東の方へ移動していたのは、柵を設ける兆しであったか」と年寄りたちが噂をしていた旨の記述が付いている。

どこに、何のために設置したのか書かれていない。しかし場所については、現新潟市の信濃川の河口付近として、まず間違いあるまい。その大きな理由は、いま同市東区に残る沼垂《ぬったり》の地名で

ある。正確にここだといえないのは、沼垂の地名が信濃川の氾濫などで何度か移動したことが知られているためである。なお、柵戸とは、柵に駐留する屯田兵を指している。

次に登場するのは、同書大化四年是歳条に見える磐舟柵《いわふねのき》である。そこには、

「磐舟柵を治《つく》りて、蝦夷に備ふ」

とあり、柵の設置目的がはっきりと記されている。

その場所は、現新潟県村上市あたりだったことが確実である。同市には岩船の地名が残り、これが遺称地だと考えられるからである。村上市は周知のように、新潟県の北端に位置して、日本海に面している。現在の岩船は、信濃川の河口から北東へ四〇キロ余りになる。

三番目は都岐沙羅柵《つきさらのき》である。やはり『書紀』の斉明天皇四年（六五八）七月四日条に、

「都岐沙羅の柵造《きのみやつこ》には位二階《ふたしな》授く」

とある。

つまり、この城柵は右の時期までに設けられていたことになるが、その設置がいつであったのかわからない。のみならず、場所も不明である。新潟・山形県境付近かとか、磐舟柵のアイヌ語名ではないかといった説はあるものの、いずれもこれという根拠があるわけではない。

このあとも城柵は時代の経過とともに、おおむね南から北へ順に設置されていく。その総数は文献と遺跡によって現在、二四ヵ所ほどが確かめられている。最北に位置したのは奥羽山脈の西側では秋田城（現秋田市）、東側では紫波城《しわのき》（現岩手県盛岡市）であった。これより北に設けられなかったのは、律令政府が過大な負担に耐えかねたからであろう。

古代城柵が置かれた場所から考えて、中央の政治権力が「蝦夷」と呼んでいた集団の七―九世紀ごろの居住域は、現在の新潟県北部、山形県、宮城県より北とみなしてよいのではないか。現福島県についてははっきりしないが、いずれにしろ、卑見のアイヌ語地名の南限線は、蝦夷の居住域の南端より、かなり北にずれている。したがって、わたしはエミシ（「蝦夷」の文字はエゾとも読んでアイヌを指すこともあるので、本章では必要に応じてエミシと表記しておきたい）とアイヌは別だとの立場をとることになる。

同じくアイヌ語地名を手がかりにしながら、金田一氏と違う結論になったのは判定基準が異なるからである。金田一氏が東北南部にもアイヌ語地名が残っているとして挙げた例に対して、わたしがどのような疑問を覚えているのかは山形県の場合を取上げて、すでに記したとおりである。

秋田県大仙市払田（ほった）の払田柵跡。文献には見えないが、801年ごろの造営だとされている。

それではエミシとは、どんな人びとだったのだろうか。卑見では、エミシは人種的・民族的内容の語ではなく、政治的な概念だったと思う。彼らは、律令国家の側から見れば、いまだその支配に属さない「まつろわぬ者たち」であった。その中には、もちろんアイヌ民族も含まれていた。アイヌは日常的にアイヌ語を話していたろうが、わたしの言う南限線より南のエミシは日本語を母語としていたはずである。彼らは、アイヌにとっては和人であった。

一方、南限線より北のエミシにはアイヌ人と和人がまじっていた。住み分けて暮らしていたのである。ただ、城柵がアイヌ語地名帯のただ中の秋田市と盛岡市を結ぶ線あたりに達したころには、中央政府の目にはエミシは全く異質の言葉（すなわちアイヌ語）を話す「異人」という意識が、以前より強くなっていたかもしれない。

3　いわゆる「二重構造モデル」について

自然人類学者、埴原和郎《はにはらかずろう》氏（一九二七―二〇〇四年）が、自ら「二重構造モデル」と呼んだ学説を提起したのは平成二年（一九九〇）のことであった。埴原氏は、それを「二重構造説」といわず、「モデル」の言葉を使ったのは「一つの考え方、仮説にすぎない」からであると説明している。やがて「批判にさらされ、修正されることを前提として」いたのである（引用は二〇〇二年『日本人の骨とルーツ』角川ソフィア文庫版より）。

二重構造モデルがどんな学説か、同書などをもとに要約すれば、おおよそ次のようになると思う。

- 日本の旧石器時代人や縄文人は、かつて東南アジアに住んでいた古いタイプのアジア人集団――原アジア人――をルーツにもつ。
- そこへ大陸から、寒冷適応を受けた北東アジアの集団が渡来してくる。彼らは、もともとは縄文人と同じルーツの集団だったろうが、長いあいだ極端に寒冷な土地（シベリアなど＝引用者）に住んでいたため、その祖先集団とは著しく違っていた。

・北東アジアからの渡来は縄文末期に始まり、弥生時代に急に増加、七世紀までのほぼ一〇〇〇年間にわたってつづいた。彼らは、まず北部九州や日本海沿岸部に到着し、その後、近畿地方で統一国家をつくった。

・渡来系の遺伝子は徐々に拡散したが、その混血は近畿から離れるにつれて薄くなる。混血は北海道と南西諸島ではほとんど、あるいはわずかしか起こらなかった。つまり、これらの地域には縄文系の特徴を濃厚に残す集団が住むことになった。

多少の補足をしておけば、「寒冷適応を受けた北東アジアの集団」とは、水稲農耕に代表される弥生文化を列島に持ち込んだ人びとを指す。先住の縄文人と後来の弥生人の二つの要素が混血して、いまにつながる日本人が形成されたと考えることから「二重」の名を冠したのである。本書の関心からいえば、そのことよりは、アイヌ系と琉球系（前に、わたしが沖縄人と呼んだ人びと）とがともに「縄文人を祖先とし、北東アジアからの渡来人たちの影響が少なかったという点で共通している」とされているところに注意せざるを得ないことになる。

このモデルが正しいとするなら、アイヌ語地名の分布は東北北部にかぎられるという卑見は、著しく説明が困難である。いや、ほとんど無意味なものになるとさえいえるだろう。この仮説は本当に信じられるのか。

今日、二重構造モデルには、かなり決定的な疑問が出されている。例えば、分子人類学者、篠田謙一氏の『ＤＮＡで語る日本人起源論』（二〇一五年、岩波書店）なども、言葉はやや遠まわしながら、埴原氏の説をほぼ完全に否定しているように、わたしには受け取れる。

「総体として見れば、弥生時代における渡来民の存在が日本列島集団の形成に大きな影響を与えたことは定説として受け入れられていますが、多くの研究者にとっては、多層性は認めるものの、二重構造説の提示するシナリオの多くは受け入れがたく、縄文人や弥生人の起源については不明であるというのが現状の認識でしょう」(同書一一三ページ)

金田一京助氏が示したアイヌ語地名の分布域と卑見のそれは、いわば程度の差にすぎない。ともにアイヌは北方から南下してきたと考えているのに、埴原氏の理解ではアイヌは南方から北上してきたことになる。そこには決定的な違いがある。

埴原氏は自然人類学者であったから、その学説は当然、北海道の先住民族(アイヌ)と南西諸島の住民との形質上の近似を柱にして組み立てられたろう。実際、両者のあいだには、たしかに外観の類似が見られる。顔の形が似ており、いずれも東アジア人には珍しく体毛が濃い。顔の感じや体毛の濃淡は数字で表現しにくいから、頭骨やそのほかの骨を計測して数値化した結果も見た目の印象を裏づけたため、両者の系統を結びつける見解に至ったのだと思われる。

それは、まだ分子人類学など存在しなかった明治、大正時代ごろから昭和初期にかけては、人類学の主流を占める通説だったようである。いや、ごく近年でも、なお有力な説でありつづけていたのではないか。人類学者、中橋孝博氏の『日本人の起源』(講談社)は二〇〇五年の出版だが、そこには次のように見えている。

「東北大学の百々《どど》幸雄《ゆきお》によって、アイヌと琉球人の頭蓋小変異や顔面平坦度では、両者にかなりのへだたりがあることが示され、いわゆるアイヌ・琉球同系論は見直すべきだとの主張がなされ

ている」（一五八ページ）

この一節は、二一世紀に入っても依然として、「アイヌ・琉球同系論」が過去の見方になっているわけではないことを語っているように思える。

それでは、最近のとくに遺伝子研究にもとづく人類学ではアイヌと沖縄人（右の琉球人と同義）の関係は、どう考えられているのだろうか。

4　アイヌと沖縄人は全く別の集団である

列島北端のアイヌ人と南端の沖縄人が系統的につながるという考え方に対しては、遺伝子研究者のあいだにも、これを肯定する見解と否定する立場が併存しているようである。

遺伝子学者の斎藤成也氏は『日本列島人の歴史』（二〇一五年、岩波書店）で、両者には「DNAでは弱いながら共通性が見出される」としたうえ、

「日本列島人を大きくとらえると、北部のアイヌ人と南部のオキナワ人には、ヤマト人と異なる共通性が残っており、この部分は『二重構造説』と同一です」（一七〇ページ）

と自説について述べている。

斎藤氏は列島への渡来の波を二つに分け、第一波については約四万年前～約四千年前のことで、

「ユーラシアのいろいろな地域からさまざまな年代に、日本列島の南部、中央部、北部の全体にわたってやってきた」（一六八ページ）

とする。彼らの「主要な要素は、現在の東ユーラシアに住んでいる人々とは大きく異なる系統」であり、アイヌと沖縄人は、その系統に属するとしているようである。

同氏は右に対して自ら「仮説の上に仮説を積み重ねた感じ」があるとしており、おそらく一つのモデルとしての提起であろう。ただ、そこに埴原和郎氏の説との重要な共通点があることは間違いあるまい。

一方、前記『DNAで語る日本人起源論』の著者、篠田謙一氏は、

「本土日本、アイヌ、琉球の三集団のミトコンドリアDNAハプログループ頻度を比較すると、それらは互いに異なっており、とくにアイヌと琉球集団の間に類似性は認められない」（一三九ページ）

と指摘している。しかし他方で、

「現代日本人のおよそ三割がもつハプログループD2と約六%の人がもつハプログループCは、アイヌや沖縄の人たちに多い」（一四一ページ）

とも言っているので、遺伝子の、どこの何を調べるかで、ときにかなり大きな違いが出るということではないか。

百々幸雄編『モンゴロイドの地球3　日本人のなりたち』（一九九五年、東京大学出版会）の序文で、編者の百々氏は、

「日本列島では南方系の縄文人の上に北方系の渡来人が重なっており、列島の北と南の端には渡来系の影響の少ないアイヌと沖縄人が遺ったという単純明快な説も提唱されている。しかし、新

しい知見がふえるにしたがい、日本人の起源問題はそう単純なものではないことがはっきりしてきた」

と記している。「単純明快な説」とは、むろん二重構造モデルのことであろう。

百々氏の専門は、埴原和郎氏と同じ自然人類学（形質人類学）だといってよいと思うが、二重構造モデルに対しては明らかに否定的であることがわかる。

ただし、埴原氏もそう簡単に割り切っていたわけでもなかったのではないか。梅原猛・埴原和郎共著『アイヌは原日本人か』（一九八二年、小学館）で、

「常識的に考えて、日本の南端の琉球人と北端のアイヌがまったく同じ人種である、つまり真ん中に和人が入りこんで両者を南北に分けてしまったとはなかなか考えにくいわけで、両者の共通性には何かほかの原因があるのではないかと考えている」（ライブラリー版の一四九ページ）

とも発言しているからである。何だか肩すかしをくったような気がしないでもないが、それが事実の複雑さということかもしれない。

いずれであれ、アイヌと沖縄人とのあいだに形質と遺伝子の点で、何らかの共通性があることははっきりしている。それは、両者が日本列島へ渡来してくる前、まだ一つの人種グループに属していたときの特徴を残した結果だということはありえるだろう。

もし、そうだとするなら、そのグループは一部の研究者が「古モンゴロイド」とか「原アジア人」と呼んでいる人びとで、弥生系渡来人を含む新モンゴロイドとは全く違う集団だったと考えることもできる。彼らも古くは同じグループだったが、新モンゴロイドがシベリアのような極寒

の土地で長いこと暮らしているうちに寒冷適応を受けて、古モンゴロイドと著しく異なってしまった可能性もある。

しかしながら、アイヌと沖縄人は列島到達後に接触したことはなかった。両者の形質上、遺伝子上の類似は、仮に「他人のそら似」ではなかったとしても、それは彼らがアジア大陸のどこかで一つのグループに属していた時期に形成されたもので、列島内で生じたものではない。

アイヌ語地名の分布状況の観察と分析からは、どうしてもそのような結論しか出てこないのである。

5　移配先にアイヌ語地名は残っているか

日本全国どこの地名であろうと、その意味や由来をアイヌ語に求めようとする人びとの一部は、古代、律令政府が進めたエミシの東北以外への強制移住策を根拠にしているようである。たとえアイヌが北方から南下してきた民族だったとしても、元来の居住域外に移されたあと、そこにアイヌ語による地名を残した可能性が十分にあるというのであろう。本節では、そのあたりのことを取上げておきたい。

大和政権は、帰服してきたエミシを東北以外の土地へ強制的に移住させていた。それがエミシの全人口に占める割合も、その中のアイヌ人の比率もわかっていない。ただ、移配先はほぼ全国に及んでいた。移住は、故郷から切り離すことによって勢力をそぎ、反抗を防止するためである。行く先を分散したのは、受け入れ側の負担の集中を避ける措置であった。以下に、できるだけ具体的な事実と数字を挙げていくが、記述の多くは高橋崇《たかし》氏の『蝦夷』（一九八六年、中央公論社）に負っている。

　エミシ移住の記録上の初見は神亀二年（七二五）である。このときは「陸奥俘囚《ふしゅう》」七三七人を伊予（現愛媛県）、筑紫（福岡県）、和泉（大阪府）へ送付している。これが何のためであったか文献には語られていないが、前年に「陸奥海道」のエミシの大規模な反乱が起きており、それに関連した処分だったのではないか。そうだとするなら、抵抗者たちの島流しといった性格のものであったろう。なお、現宮城県多賀城市に多賀柵が置かれたのは七二四年、のちの秋田城に当たる出羽柵《でわのき》が設けられたのは七三三年である。つまり、神亀の初めごろは、まだ現宮城県北部や秋田県に城柵はなかった。

宮城県多賀城市の多賀城政庁正殿の推定復元図。城跡の説明板より。

　右につづいて七三八年（一七七人）、七七六年（八三一人）、七九五年（六六人）、七九九年（四人）、八〇〇年（六〇人余）の移配が、はっきりした記録に見えるという。このほかに俘囚料（俘囚の受け入れにともなう費用）を計上していたり、俘囚郷の存在が確かめられる例があり、それらを全部合わせたら移住先は関東以西のほとんどの国が含まれていた。

　移配人数は、右に挙げたわずかな例を除いて、おおかたは不明である。だから、一国あたりの平均とか最大、最小もわからない。ただ八〇六年、近江国（滋賀県）にいた「夷俘《いふ》」六四〇人を大宰府（福岡県）に移して防人《さきもり》にあてる措置がとられており、これが一つの国として記録に現れた最大数である。近江国にほかに夷俘（俘囚とほぼ同義と考えてよいだろう）がいたのか、そもそも大宰府へ送られた者たちは家族づれであったのかどうか明らかでない。

もし、六四〇人が一ヵ所で地域社会を形成し、そこで何十年か以上にわたって暮らしつづけていれば、彼らの言葉による地名が生まれた可能性はある。しかし、そうであった証拠はない。また、彼らがアイヌ人であったという裏づけもない。

宮城県大崎市鳴子温泉鬼首（おにこうべ）の鬼切部城跡。「奥六郡の俘囚長」安倍氏と、その軍勢は、ここに拠っていた。

他郷へ移されたエミシには「狼性《ろうぜい》改まらず、百姓を侵し婦女に乱暴」とか、「遊んでばかりで、人をおどかす」といった悪評が少なからずあり、そうであれば国家側は蜂起・騒乱への警戒を抱いていたと思われ、むしろ極力、分散をはかっていたのではないか。それが移配の目的でもあった。

日向国（宮崎県）では、「俘囚、死に尽し、存するもの少なし」という状態だったと伝えられている。少数で分散していた場合、これが最も一般的ななりゆきであったろう。子孫がそれなりに繁殖したとしても、すぐに周囲に同化していたに違いない。

風俗・習慣の異なる遠い他国で本来の暮らしを守りたく

ても、なかなかできるものではない。代をついで生きていくつもりなら、まわりの農耕社会に溶け込むほかなく、そのうちもとの言葉を忘れ、かつての生活様式を失っていったと考えられる。同化か、さもなくば絶滅、これこそ国家権力が望むところだったはずである。

とはいっても、もちろん強制移住先にアイヌ語地名が残っていないとは断言できない。また、ないことを証明することも困難というより、現実には不可能であろう。だが、だれかが多少なりとも実証にもとづいて、そのような地名を挙げた例を、わたしはまだ一つも目にしたことがない。

【コラム】⑩　机上で地名研究はできない

アイヌ語地名の分布範囲を確定することは、わが国の古代史研究に資するところが大きいだけでなく、日本列島人の起源を考えるうえでも、きわめて重要な作業であると思う。それなのに、この分野で実証的といえる調査を試みた人は、山田秀三氏を除いて皆無の状態が、いまなおつづいている。本当に不思議なことである。

代わりに語呂合わせ、こじつけの類は、わずらわしいほど多い。机の一方にアイヌ語辞典、他方に地図か地名辞典を置き、まるでクロスワードパズルの空白を埋めるかのような遊びとしか呼べない代物が横行している。例えば、

・クロベ（富山県・黒部峡谷の黒部）―アイヌ語クル・ペッ（影の川）

・ドイ（各地に少なくない土居、土井）―アイヌ語トイ（土、穴、墓）
・カワチ（河内）―アイヌ語カパペチ（濁った溜り水）
・ダイロクテン（宮城県の大六天山）―アイヌ語タイロクテム（森が匍《は》いさがったように見える山）
・トコロ（埼玉県・所沢の所）―アイヌ語トコロ（湖を持つ）
など、枚挙にいとまないといっても過言ではないほどである。

右に挙げた地名は、いずれも全国各地に同音のものが珍しくない。ドイ（土居）やカワチ（河内）にいたっては数千単位で存在し、その意味もはっきりしている。すなわち、土居は周囲に防御用の堀をめぐらし、かき上げた土を手前に盛って土塁とした中世土豪の居館のことである。河内は河川に囲まれたような土地や、河川に面して増水時には水につかってしまいそうな場所を指す。

この二つを含め、いずれも純然たる日本語で、いくつかを現地に調べてみれば、それぞれの解釈が誤っていることは、すぐにわかるだろう。トコロがアイヌ語で「湖を持つ」の意であり、所沢は「湖のある沢」だというためには、ぴたりと当てはまる例を少なくとも五つか六つは列挙しなければならない。たまたま、どこか一ヵ所がそうだったとしても、それは偶合にすぎないかもしれないからである。ちなみに、トコロの付く地名は所沢のほか所谷《ところだに》、野老山《ところやま》、所久保などとしてあちこちにあり、前にも触れたように、トコロイモが多い場所の意だと考えられる。トコロイモはヤマノイモ科に属し、アクがあるが食料にできたから人びとの注意を惹き、それゆえ地名になったのであろう。

山田秀三氏は死の直前、九三歳になっても現場へ出かけて、自分がアイヌ語で解釈した地名の意味と、地形や地物の特徴が一致するかどうか確かめる取材をつづけていた。さすがに、あたりを歩きまわることはできなくなっており、車の後部座席から窓越しに外を眺めることで満足するしかなかったらしい。しかし、とにかく現地調査にこだわることをやめなかったのである。それは、アイヌ語地名にかぎらず地名研究にかかわる者なら、だれもがならうべき基本の態度であった。

おわりに

「オサナイ」という姓の人がいる。例えば、劇作家の小《お》山内《さない》薫《かおる》（一八八一年生まれ）、女優の長《おさ》内《ない》美那子さん（一九三九年生まれ）、広島東洋カープなどで活躍した元プロ野球選手の長内孝さん（一九五七年生まれ）らが、そうである。

右の三人は、いずれも本人か父親が青森県出身である。これは偶然ではなく、インターネットで閲覧できる「日本姓氏語源辞典」でも、小山内、長内姓とも青森県に最も多く分布し、その次が北海道となっている。あとはずっと少なくなるが、秋田県や岩手県にも、まとまって見られる（ただし、小山内は岩手県には珍しい）。東京都や、それに隣接する埼玉、千葉、神奈川県などにも、秋田県と同じくらいか、それ以上のオサナイさんがいるのは、明治維新のあと、とくに第二次大戦後の移住の結果であろう。

日本には姓の種類が一五万から二〇万ほどもあるといわれている。そのうちの八割強が地名を名乗りにしたと考えられる。小山内、長内さんとも、そうであることはまず間違いあるまい。となると、ここに一つの疑問が起きる。本書に掲げたオサナイ地名のリストには一〇ヵ所のオ

サナイを挙げているが、青森県の分は、
・南津軽郡大鰐《おおわに》町八幡館《はちまんだて》字長内
だけである。岩手、秋田両県の、それぞれ四ヵ所にくらべて明らかに少ない。これは何を語っているのだろうか。

八幡館の長内は、ごく狭い範囲を指す小地名で、人口密集地でもない。つまり、青森県のオサナイさんがここだけを出自の地としているとは考えにくいことになる。語を換えていえば、青森県にはほかにもオサナイ地名があるか、あった可能性が高い。

それが現存しているとすれば、わたしが見落としたことになる。地名全部を把握する方法はないので、これは十分にありえることである。一方で、すでに地名そのものは消失してしまった場合もあると思われる。

オサナイ姓が青森県に突出して多いことから、右の二つのケースを合わせると、三、四ヵ所ではきかない数になるかもしれない。その辺の再調査は、わたしの今後の宿題の一つである。もちろん、わたしのように東北から遠い地方に住む者より、地元の研究者による方が望ましいことはいうまでもない。地の利を生かした徹底取材ができるからである。ただ、この方面の研究をされた方がすでにおられるかもしれず、そのときはわたしの不明を深くおわびしたい。

本文でも触れたとおり、わたしがアイヌ語地名を扱った小著を上梓するのは、『アイヌ語地名と日本列島人が来た道』（二〇一七年）につづいて、これで二冊目になる。前回と同じように、今度も河出書房新社に出版を引き受けていただくことになった。

その編集の全体を、このたびも同社編集部の西口徹氏にお願いすることができた。同氏をはじめ、編集作業に当たられた皆さまに心よりお礼を申し上げます。
また、わたしの現地取材に対して、貴重な話を聞かせていただいた、ときにお名前もうかがっていない多数の方々に、この場をお借りして感謝申し上げます。

令和二年夏　著　者

＊本書は書き下ろし作品です。

筒井 功
（つつい・いさお）

1944年、高知市生まれ。民俗研究者。
元・共同通信社記者。正史に登場しない非定住民の生態や民俗の調査・取材を続ける。著書に、『漂泊の民サンカを追って』『サンカ社会の深層をさぐる』『サンカと犯罪』『サンカの真実 三角寛の虚構』『風呂と日本人』『葬儀の民俗学』『新・忘れられた日本人』『日本の地名―60の謎の地名を追って』『東京の地名―地形と語源をたずねて』『サンカの起源―クグツの発生から朝鮮半島へ』『猿まわし 被差別の民俗学』『ウナギと日本人』『「青」の民俗学―地名と葬制』『殺牛・殺馬の民俗学―いけにえと被差別』『忘れられた日本の村』『日本の「アジール」を訪ねて―漂泊民の場所』『アイヌ語地名と日本列島人が来た道』『賤民と差別の起源―イチからエタへ』『村の奇譚 里の遺風』『差別と弾圧の事件史』などがある。第20回旅の文化賞受賞。

アイヌ語地名の南限を探る

二〇二〇年一〇月二〇日　初版印刷
二〇二〇年一〇月三〇日　初版発行

著　者――筒井 功
発行者――小野寺優
発行所――株式会社河出書房新社
〒一五一―〇〇五一
東京都渋谷区千駄ヶ谷二―三二―二
電　話――〇三―三四〇四―一二〇一〔営業〕
〇三―三四〇四―八六一一〔編集〕
http://www.kawade.co.jp/

組　版――株式会社ステラ
印　刷――モリモト印刷株式会社
製　本――小泉製本株式会社

ISBN978-4-309-22811-2
Printed in Japan

筒井 功・著

差別と弾圧の事件史

なぜ洞集落は父祖の地を追われたのか。
なぜ薬行商人たちは利根川べりで惨殺されたのか。
世良田村事件やアイヌ墓地盗掘事件、
オール・ロマンス事件など、
歴史に埋もれた差別と被差別にかかわる
十二の事件を検証する。

河出書房新社